松木邦裕との対決

精神分析的対論

Hosozawa Jin
細澤 仁 編

岩崎学術出版社

まえがき

この書物は、松木邦裕先生の還暦記念論文集という趣旨を有していますが、まったくの偶然の産物です。

平成二二年の年末に、私は松木先生と宴席で酒を酌み交わしていました。その中で、偶さか、松木先生の還暦の話が出ました。私が松木先生に還暦記念パーティーや還暦記念出版などの予定があるのかを何とはなしに尋ねたところ、松木先生はそのような慣習的な行為は好まないとのことでした。その際に、私の中に、従前から私の中に存在していた、松木先生の論文にもの申したいという気持ちを強く意識しました。これは、それを公式に表明する千載一遇のチャンスだと直観しました。そこで、私は、慣習的なものでなければよいのかと屁理屈をこね、弟子たちが師匠を称揚するという従来の還暦記念論文集ではなく、松木先生にもの申すという趣旨の「対決本」を出しましょうと提案しました。このような酒の席の無礼講みたいな企画を、なぜか松木先生は快く了承してくれました。このことは、松木先生の度量の深さを示すと共に、松木先生の性格の偏向を示しているように思います。そもそも、師匠（私は松木先生のことを勝手に師匠と思っています。松木先生はそもそも誰とも師弟関係ではなく、同僚であると言い張っていますが）に、このような失礼な振る舞いに及ぶ私は相当に性格がねじ曲がっていると言えましょう。私の考えでは、弟子の義務は師匠を殺すことです。無論のこと、私の修業がまだまだ足りないため、この書物で目的は達していません。次の「古希」でチャンスをうかがいたいと思います。

まずはタイトルを考えてみました。タイトルは案外と簡単に決まり、『松木邦裕との対決――精神分析的対論』としました。「対決」ということばのセンセーショナルな響きに眉をひそめる良識的な読者もいることでしょう。しかし、私はこのやや下品なことばこそがこの書物のあり方を体現していると思っています。幸いにも、松木先生もこのタイトルを気にいってくれました。しかし、この企画は割合と規格外のところがあり、出版に応じてくれる出版社があるだろうかという危惧もありました。私は、以前に、狩野力八郎先生の還暦記念論文集の作成に関わった経験があります。その際に、お世話になったのが岩崎学術出版社の長谷川純さんでした。とりあえず、長谷川さんに相談してみようと思い、企画を送付したのでした。長谷川さんは企画に目を通し、面白いと思ってくれたようでした。そして、この企画が決定し、進行することとなりました。

次に、著者の選定が問題となりました。通常なら還暦記念論文集ということもあり、松木先生の弟子や松木先生と縁が深い臨床家に依頼するのが筋というものでしょう。しかし、私はこの書物の趣旨を考え、むしろ、松木先生との関係が薄いけれども、松木先生の考えに関心を持ち、なおかつ、松木先生と異なる考えを持っている臨床家に依頼することにしました。そのため、おそらく松木先生との縁がもっとも深い九州の精神分析臨床家がひとりも入っていないという事態になってしまいました。松木先生との縁ということでは、この書物の著者の中で例外的に深いのは祖父江先生です。ただし、祖父江先生は、松木先生の影響を受けたのか、受けなかったのか判然としないほど自由人なので、依頼する価値があると考えました。そのようなわけで、松木先生は衆目の一致するところ、日本におけるクライン派（正確に言えばポストクライン派）の第一人者ですが、この還暦記念論文集の中で、クライン派的臨床観を持っているのは祖父江先生ただひとりという結果となりました。このような私の個人的気持ちから出発した企画に快く参加していただいた各著者にも深謝したいと思います。

また、読者へのプレゼントとして、還暦を迎えた松木先生の技法論の現在を表す論文を掲載しました。このようなパーソナルな企画に関心を寄せていただいた読者へのささやかな感謝の気持ちです。

かくのごとく、この書物はあらゆる意味で型破りであると思います。このような型破りの何かを生み出す土壌を育む松木先生はやはり至極稀有な存在なのでしょう。私のような「反逆児」でも受け入れてもらい、松木先生にはとても感謝しています。

二〇一二年四月　実は付けずとも、咲き誇る八重山吹を眺めつつ

細澤　仁

目次

対決 三　情緒的に受け入れることをめぐって

対決 四　心身症治療をめぐって

対決 五　退行をめぐって

イントロダクション

精神分析的方法についての覚書——現象・理解・解釈

松木　邦裕

一　はじめに

（1）分析場面でのターゲット——不安の探索

精神分析臨床では分析家は何をなすのか、という問いからこの論考は始まる。

その問いへの不幸な答えとして私は、アナライザンドに心的変化を引き起こすこと、と答える。それでは、その道筋についてはどうなのかという次の問いが出てくるかもしれない。そのときには、その始まりは、精神分析に限らず、すべての心理療法・心理面接はアナライザンド、クライエントの抱える心的苦痛や葛藤を感知し理解しようとするところから始まると答えることになるだろう。そしてそれが精神分析に基づいた方法であるときには、それらの苦痛や葛藤が無意識部分を包含するこころという領野から出てきていると私たちは想定する。すなわち本人がそれとして認知している、つまり意識的に考えている領域に限定されているのではないと考える。

そこにおいて私たちは、アナライザンドの抱える苦痛や葛藤——形も臭いも音もないもの——を理解するための手がかりにできる何かをターゲットとして位置づけようとする。そのターゲットとなるものは何か。精神分析でのオーソドックスな見解では、それはそのアナライザンドの抱える不安である。

本人に意識されているものであろうと無意識のものであろうと、彼／彼女が抱えている不安こそが、葛藤や苦痛を理解する手がかりを与えてくれる。なぜなら不安は、何かがうまく治められていない、扱えていないことを表わすサインであり、水上に顔を出している氷山のように、その苦痛や葛藤の表立った一部分でありうるからである。

さて、この不安を理解の手がかりにしようと私たちがするとき、新たな問いに私たちは出会う。それでは、どんな不安を見出そうとするのか、である。それは、こころの一番表層にある不安なのか。もっとも意識化しやすい不安なのか。それともクライン(7)が主張したように、もっとも深い不安に焦点を当てるのか、あるいはもっとも重篤な不安に焦点を当てるべきか。もしくは、別の不安の性質が焦点を当てるべきものとしてあるのだろうか。

結論的に言うなら、ストレイチーが主張したように、面接場面の今ここでもっとも切迫している不安をターゲットにするとの考えが精神分析臨床ではもっとも広く肯定されている。すなわち、目の前のその人は、いま何をどう怖れているのかという問いの作成である。(注1)

そしてこの問いは、アナライザンドが抱える苦痛や葛藤を理解していくという道筋を前進させるという課題から、その切迫している不安が含まれる無意識的空想（unconscious phantasy）を理解しようとする試みへと拡充されていく。すなわち、その人がどんな内なる物語を生きているのかとの問いである。(注2)この問いは、当然ながら、その物語が生きられている分析空間において、どんな転移と逆転移が蠢いているのかという分析設定内での無意識の空想のエナクトメントを理解しようとする問いの生成をもたらす。すなわち、不安に基づいて、今ここで私たちの間に何が起こっているのか、と問うのである。(注3)

（2）現象の認知

ここまで私の認識している範囲で、精神分析臨床でのアナライザンド理解を目指した伝統的な視座を述べてみた。私自身が実際、この視座から精神分析臨床を営んできた。しかし近年、心的苦痛の根源的体験としての対象の不在の重要性を認識していくに至って、この不在が分析空間内で認知されなければならないと知った。私にとってこの認識は放置できないものであった。つまり、分析空間にふたりがいるにもかかわらず、どちらかが不在であることを感知することが精神分析場面において不可欠なのである。(注4)

ここで困難な課題が発生してくる。対象の不在という、そこにないものの存在は、まずその主体（分析空間のアナライザンド）には、〝悪い対象が存在している〟との幻覚として感知されうる。この場合、私たちは他者の幻覚を感

（注1）たとえば、「自分は今のひどいままで変わらないのではないか」、「自分は壊れそうだ。でも、今も何もしてもらえない」、「今の私の憎しみをぶつけたら、目の前の臨床家は私を放り出すのではないか」、「こんな話をしている私は、目の前の臨床家から卑しく思われているのではないか」等があげられる。

（注2）たとえば前の（注1）の例から続けるなら、「私は最悪の人間でどうしようもないし、変わろうとすると、もっと底なしにひどいことにしかならない。私は誰からも理解されず構われず、絶望の人生を送るだけだ」、「私の憎しみには誰も耐えられない。誰とも親しくなれず、破滅と孤独があるだけだ」、「私はやはり誰にも好まれない人間であって、親しくなると卑しい部分に気づかれ見下げられて、見捨てられるだけである」といった無意識の空想物語が抱かれているかもしれない。

（注3）（注1）の例をさらに続けると、アナライザンドの話し方や態度はもはや構われていないかのような、独白調の口ぶりになったり過剰に怯えたりふてくされた身振りになっており、他方、対応している臨床家も関心が薄れ他のことを考え始めたり、逆に彼／彼女に関心を保っていることを熱心に伝えようと前のめりになって話してしまう。

（注4）精神分析場面において、分析家とアナライザンドのふたりがいるにもかかわらず、アナライザンドには分析家がいない（正確には、〝不在の分析家がいる〟）、もしくはアナライザンド自身がいないもの（正確には、分析家には〝不在のアナライザンドとして存在している〟）と体験されていることが起こる（また、頻度はより少ないが、一緒にいるはずの第三の対象がいないと体験されることも起こる）。これらの不在は、当然転移現象であるが、乳児における母親の不在という根源的な体験の分析空間内での現実化である。拙著『不在論』を参照。

知しなければならない。もし事態が現実的に進展するなら、続いてその不在は、〝「不在の対象」がいる〟という現象として感知される。それをもとに「その対象は不在である」という思考が考えられることによって、その主体に初めて不在の空白という現実が認知される。これらの体験に出会う私たちは、外界対象は存在するにもかかわらず、〝不在〟を認知する必要がある。すなわち分析空間において、不在の対象がいるという現象をとらえ、かつそれを思考として考えねばならない。それが、いかにして可能であるのかである。

この課題の解決は、理論的には可能であることに私は思い至った。

それは、アナライザンドが分析空間に表わすあらゆる現象――語ること、ふるまうこと、発散すること、醸し出すこと等――は、何らかの思考であるとの見解である。ケプラーは「物質のあるところ、そこには幾何学がある」と、すべての物理的現象が数学に変形できることを示したが、同じようにこころの現象は思考に変換できる。その裏づけは、ビオンがグリッドにおいて、思考をいわゆる考えや概念に限定せずに広義に定義したところから得られる。考えられない思考であるβ要素や、考えられるが意識に浮沈し伝達できないα要素という原始思考、全体が認識されて初めて概念として考えられる夢思考・夢・神話水準の思考が生成され成熟することを示したところにある。つまり、そこに感知されているが考えられない現象、考えられる思考にするには考えることが必要な現象を見つめることが、不在を認知する方法である。(注5)

この方法の実践とは、アナライザンドが分析空間に表わすあらゆる現象全体をそのまま見つめ続けることである。

ここに困惑が発生することになる。この現象全体をそのまま見つめ続ける方法は、不安をターゲットとする伝統的な方法と相容れないのである。なぜなら前者がいわば注意を休止させるのに対して、後者はサーチライト的な注意の活用とそれによる探求の行為だからである。そこで、ここに出現してきた問題の解決法として、この時点でひとまず後者の伝統的理解の方法を放棄してみることにする。そして、現象の認知にかかわる新しく提示した技法を探究してみる。

二　現象の認知での問題とその解決

私たちが〝感知したものを認識する〟ということとはどんなことなのか。

（自分自身の情緒を含む）外界のもの自体について知覚された体験は、思考化されることによって初めて内的にプロセスされうる――こころの中で操作し位置づけられる――ものになる。すなわち自身で思考を考えるという内的操作を行い、それによって初めて内的に位置づけられる。それが、認識される、理解されるということなのである。ところがこの認識の過程が逆作動するのが、現実の私たちでもある。私たちが内側にすでに保持している概念・思考――先入見とか既成概念、既成知識と呼ばれるものだが――に適うもののみを私たちが外界のものに認識するという事態である。「決め込み」、「誤認」、「思い込み」、「はやとちり」と言われる、ほとんど日常的といってよい事象である。私たちは見たいものしか見ないし、聞きたいことしか聞かないということをしてしまうのである。本論で述べてきている流れに従うなら、原始思考からなる現象を、既知の成熟思考（概念）で尚早に飽和してしまうことである。〝誤った概念[11]（misconception）〟の形成である。

（注5）夢思考・夢・神話水準の思考とは、顕在夢の内容や神話・伝説の物語のように、その流れ全体によってひとつの概念が表現されているという水準の思考である。たとえば、追われる夢は、その夢見る人にはその夢物語全体で〝不可避の懲罰〟という概念水準の思考を表していることがあるだろうし、英雄誕生神話はその物語の全体文脈のあり方によって〝創造〟、〝勧善懲悪〟や〝家族の悲劇〟といった概念を表す。

それでは現象全体を認知するにはどのようにしたらよいのだろうか。私は、以下のように考えている。

第一に、焦点化せずに分析空間の現象を見つめ続ける、五感でそのまま感知し続けることである。方法としては、フロイト(6)のいった「差別なく等しく漂わされる注意（evenly suspended attention/free floating attention）」（フロイト）という、性急に既知の概念で飽和しようとせず無知に留まっておくことも、それを裏打ちする方法として必要である。すなわち「わからない」を保持することであり、わからないものをわからないままに留めておく負の能力（negative capability）の使用である。その方法は、「記憶なく、欲望なく、理解なく(3)」というこころの態度の維持である。

その実行には、既成の考えに拘束されない自由で開かれたこころを私たちが保っておくことが基盤となる。その実際的なありようは、もの想い(1)（reverie）と表現される。アナライザンドから発せられるものをそのまま受け取り、私たちの中に湧き上がるものも自由に漂わせ、それらの交わりや衝突もそのまま受け容れておくこころの姿勢である。

これらのこころのあり方が、分析空間の現象全体をそのまま理解するための方法であると私は考えている。それでは、この方法がどのようにして理解に結びつくかが、次に知るべきところであろう。

三　理解の方法

(1) 伝統的な方法

ここで煩雑な動きを私は取ってしまうが、私の知る伝統的な方法を述べる。これは、第一節「はじめに」で述べてきた伝統的な視座からの無意識の感知という見解に沿う理解の進め方である。それは以下のように進められる。

①アナライザンドの今ここでのより深い不安・その他の感情を感知する
②感知された感情を軸に置き、語られていることの無意識のコンテクスト（文脈）を読む
③そこにある対象関係の視覚的なコンフィギュレーション（配置）をつかむ
④その画像の経時的な構成をなすナラティヴを読む
⑤逆転移として感知されているものを認識する
⑥①〜⑤の総合を踏まえて、転移の質とダイナミクスを知る

日々の分析セッションで、私たちがこころしている感知から理解への筋道はこのようであると思う（注6）。

（注6）例をあげる。あるアナライザンドとの分析において、彼女の私との関係はよさそうで、この二、三年にさほど滞ることもなく彼女の理解も深まっているようであった。だが、私の中には、このところはっきりとはつかめないが今の関係が何か決まった型にはまりこんでしまい、そこに止《とど》まっているという不自由感があった（逆転移感覚）。そのセッションで彼女は夢を語った。夢では、彼女は子ども時代に帰っていた。小学校のクラスの皆と一緒なのだがその中に入れないのを、近寄ってきた担任の先生が入るようにしなさいと彼女に説教をしていた。彼女は腹が立ってきはじめた。そしてふと気がつくと、自分は大人になっており、だからこの同級生たちや先生と一緒にいなくてよいのだと思って、その場を立ち去ることにした。続いて彼女はこの夢にまつわる連想を語った。この夢を語る彼女の口調は表面では穏やかであったが、夢からは、ともにいることで強制される子ども扱いへの不安や戸惑いと怒りが私に感知された。そしてここには、子どもとして仲間に入ることの大人からの強要、大人の自分が無視されていることへの怒りという文脈が見出された。そこから、この夢は私たちの現在の関係において彼女が私から子ども扱いされて、行動の修正を強要されていること、一方大人の彼女が私から無視されているが、彼女はその大人の自己でありたいとのナラティヴが読み取れた。ここには彼女の子どもの自己、（排除されている）大人の自己と権威的大人の私というコンフィギュレーション（配置）があり、これはまさに彼女を子ども扱いだけして決して大人として扱わない内的母親との関係が私に転移されていると理解された。すでに気づいていた逆転移の不自由感は、夢の中の担任先生としての私（転移的母親）に私が置かれている窮屈さであったと私は知った。こうして私は、このところ理解できないままだった今ここで活動している転移関係の質を理解することができた。

（2）選択された事実の直観

しかしながら、理解は突然にやってくるということを、私たちは実際の分析臨床で少なからず体験しているように私は思う。直観的な認識、理解である。それはある意味、前述した筋道からの理解を重ね続けているところから発生してくるものなのかもしれない。

そうしたときがあるとしても、この理解の体験には、それまで理解できなかった現象が突如理解できるという飛翔（リープ）がそこにある。つまりその現象が、思考／概念に直観的に変形されるという展開である。それは、発言の一部や行為のある部分を組み合わせるような現象の一部分から浮かび上がってくるのではなく、現象の全体から選択された事実が直観されることである。「選択された事実の直観」(注7)とは、明らかな関連を持たないまとまりを欠いた現象の山が、突然の直観のうながしによってひとまとめにされて、以前は有していなかった意味をもつ概念に収まることである。そして、この方法こそが、現象の感知からの理解として私が提示したい方法なのである。

私たちの精神分析過程を真に、そして確実に進展させているのは、この理解法に基づいた介入であると私は思う。しかしながら問題は、選択された事実の直観という理解は、日々の精神分析セッションにたびたび生起するものではなく、多数回のセッションに一回という割合でしか生じないことである。少なくとも、私においてはそうである。

（3）近似の活用

そうであるとしたなら、その間は伝統的な理解の方法に従うことなのであろうか。ここで私は私が提示している理解の筋道——現象全体の思考への直観的変形——に沿う方法をひとつ提示したい。それがこれから述べる近似法、言い換えれば、未出現の直観性の概念／思考を、近似値と呼んでいる、直観に近い様式で感知された〝粗野な概念〟で補間する方法である。

近似（approximation）について説明しておこう。近似値で補間するその例として、円周率πがある。π＝三・一四一五九二六五三五八九七九三二三八四六……と、円周率πの正確な数値は循環もしなければ終わることもない数値である。ゆえに何かの機器――たとえば、球形の電球――を製作するに際して、その計算でπを正確な数値で処理しようとすると、処理不能といってよいほどの途方もなく煩雑な計算を強いられることになる。ゆえに誤差を承知で、その機器製作に差し障りのない誤差を含む数値を使う。たとえば、三・一四一五である。この三・一四一五が近似値であり、πを近似値三・一四一五で補間したことである。

この考えを分析臨床場面での私たちに浮かんでくる思考にあてはめてみることが、私のいう近似の活用である。分析空間で私たちがアナライザンドの現象に向かい合いながら、もの想いしているとき、私たちの中に何かが直《じか》に感知され浮上してくる。その何かとは、たとえばことばの断片であったり幾何学模様の視覚的感知であったり、過去のある場面の浮上であったり、その場にはない音や臭いの想起であったりする。このダイレクトな感覚体験は、現象

（注7）例をあげる。休み明けの分析セッションにやってきた女性アナライザンドは元気そうであったが、カウチに横になったとたんに怯えて泣くばかりだった。何も語らず、時間は過ぎていった。私は何もわからず、ゆえに何も語ることを持たず、黙してその場にいるだけだった。残り時間が一五分を切った頃ようやくことばを出し始めた彼女は、つぶやくように「カーテンの赤い花は薔薇ですね」と口を切った。彼女の目の前に見えるカーテンは数年前から同じものだった。それから彼女は、なぜか幼いころにデパートのトイレのボックスの中で大人の男性からなされた性的被害の体験をぽつりぽつりと語っていった。その男性は、言われるままにしゃがんだ彼女の後ろに座り、その彼女の目には彼が脱いだトランクスが焼きついた。それは真紺で薔薇の花が描かれていた。ここで私は、突然に今を見た。分析空間は彼女が性的被害をこうむったトイレの中であり、彼女の後ろに座る私はその男性なのだ。今は、性的外傷場面の転移的再現／実演なのだった。「カレイドスコープ（万華鏡）からパターンが現れるように、患者が生み出した素材から展開されている状況だけでなく、以前は関連しているとは見えず、関連するようにデザインされていなかった他の多数の状況にも属するように見えるひとつのコンフィギュレーションが現れる」。（ビオン[4]）

に直接対応した私たちの原始的な思考（primitive thoughts）であると考えられる。つまりβ要素、α要素、あるいは夢思考・神話水準の思考の断片である。これらの思考は、このままでは私たちの内側からはかなく消えてしまう。それは考えられないし、ゆえに無意識に戻ってしまう。それでよいときも多いのだが、それでも私たちはもの想いの中でこれらの現れてきた原始思考を思考しようともしてみる。つまり私たちのこころで、可能ならこの原始的な思考を的確な概念に直観的に変形しようと試みる。なぜなら、そうすることがアナライザンドについての的確な理解につながりそうだからである。

しかしながら、このとき的確な概念化が実現しないこと、直観知できないことが多いものである。その一方、分析過程は、当然のこととして、感知のこの時点からさらに動いていっている。その場合に、私たちが的確な概念ではないと知っているが、とりあえず何か関連ありそうな概念を置いて意識化しておく、いわば補間しておくことが、それからの分析過程を理解するのに役立つと考えられるときがある。すなわち、その時点で私たちに連想されている概念の中で、いまだつかめていない的確な概念にどこか近いと思える概念を代理として置いて、私たちの中で仮に使用することにする。そうすることで無意識の流れも意識の流れも、それぞれに流れていくようにしておく。もの想いの中で二つの流れが交じり合ったりぶつかったりしていくであろう。

この代理の概念——それを私は、粗野な概念（wild conception）と名づけている——が近似値であり、この方法が、近似値での補間である。この場合、重要なことは、それが近似値であること、つまり的確な概念ではなく、粗野な概念であることを私たちが十分に意識化しておくこと、とらわれずにただ置いておくようにしておくことが肝要である。それは、粗野な概念を使用しているとはいえ、本質的にはその現象をいまだ未飽和な状態に置いておき、いずれ的確な概念で飽和されることが目指されていることの認識だからである。そして、当然であるが、来たるべきときに粗野な概念は、的確な概念に直観的に置き換えられる。

近似値としての粗野な概念の使用は、それによってアナライザンドが表している現象の真の理解に到達する前にも、私たちなりに現象に関するおおまかな仮説を形成し、私たちとして真に直観する態勢を高めるのである。

述べてきた近似値の活用を図式的に示すと次のようである。（注8）

全体としての現象→原始的な思考⇩粗野な概念⇩的確な概念

（→は外界のものの変換、⇩は内界での変換）

（4）理解の方法

ここまで私が提示してきた理解の方法をまとめてみる。

精神分析の現場においてもっとも有効な理解は、全体としての現象から選択された事実を直観することである。し

（注8）例をあげる。ひとつのセッションでの出来事である。あるアナライザンドの「攻撃的すぎる」ことにまつわる自由連想に耳を傾けながら、私の中には、〝針金のような線がたくさん交錯している無色な抽象画が圧迫してくる〟といった視覚イメージが浮かんだ。〝原始的な思考〟である。それはアナライザンドの連想をさらに聴くことから、「サディズム」という概念に私の中で突然に変わったが、私にはこの概念がどこか適っていない感じがあり、正確なものとは感じられなかった。すなわち〝粗野な概念〟である。しかし一方今の体験が貴重なものであるとの感覚は確かに感じられるので、この体験感覚にかかわるこの概念を近似値として保持しておくことにした。それから外界の出来事等、三つのストーリーが語られた。それを聴いている私に、「こころの倒錯」という概念がふいに現れた。それを〝的確な概念〟であると私は感じた。しかし同時に解釈に使うには不親切で不適切なことばであるとも私は認識した。さらに分析は進展したが、その展開でこの思考は裏返しにされる必要があることが私にわかった。そこから私には、倒錯的な態度で保護されているアナライザンドの「苦痛」が概念として湧き上がり、それを私は解釈した。アナライザンドのそれへの反応は否定であった。しかしその否定の発言が私に修正をうながし、「不幸」という概念を私にもたらした。この「不幸」はまさに解釈のことばとして適っている〝的確な概念〟と私は感じた。この概念からの解釈は明らかにアナライザンドのこころを動かした。ちなみに「攻撃的すぎる」はアナライザンドの誤った概念と私は理解している。

かしながらこの方法の作動は稀なので、その間に実践する方法として、現象から発生する原始思考を直観的にひとまず変形した粗野な概念を使う近似法を私は提示した。アナライザンドの無意識を意識的かつ系統的に読む伝統的な理解の方法よりも私の提示した方法が、分析場面では優先されるものであると私は考える。

伝統的な方法は、むしろセッションの終了後にアナライザンドの心的状態やダイナミクスを再構成するときにより有用なものかもしれない。こうした使い分けが、精神分析セッションでの直観出現の頻度を向上させるようにも思われる。

四　解釈——分節化の機能

アナライザンドの現わす現象の認知、それに続く理解にかかわる技法を述べた。続いてこれから解釈について述べる。この解釈とは、当然ながら、得られた理解を言語化してアナライザンドに伝える技法のことである。つまり、理解をどのように解釈に変形し、提示するのかである。

（1）解釈の目標

精神分析における解釈では、無意識の意識化によってアナライザンドに心的変化を引き起こすことが目指されている。すなわち、精神分析という方法が目標とするアナライザンドのこころに変化が生じるための主たる技法が解釈である。ただ、解釈による心的変化をどのように公式化するかについては、いくつかの理論モデルを提示できる。以下にそれらを示そう。

①解釈という私たちの言語的介入によってことばとして提供された概念が、アナライザンドの中に無意識に抱かれていた感情や思考とつがい、現実化される。こうしてアナライザンドの中で初めてそれらの感情や思考がいきいきと実感され、かつ意識的にみずから認識でき扱えるものとなって思考されることで、こころに変化が生じる。

②解釈は、アナライザンドの無意識的空想（無意識に置かれている心的事実）の一部を切り取ってことばで提示することによって、その空想部分を彼／彼女の意識に浮かび上がらせる。その思考化された空想（認識された心的事実）が、アナライザンドの既成の思考体系を揺さぶり流動化させ、その後再構築的に新たに思考体系に組み込まれるとき、こころの変化を引き起こす。

③解釈は、快‐苦痛原則に沿う一次過程に基づく連結によって不適切な思考体系や感情発生が生じている、いわば短絡的に凝塊化しているこころの状態を解きほぐし、現実に則した意味を有する思考を提供して現実原則に則った思考配列に整え直すことで、こころの変化を引き起こす。

④アナライザンドの無意識の中に漠然としたままに置かれている心的諸事実を、解釈のことばが意識のもとに連結させ、新たな意味を得た事実として表現する。その事実の認識がこころのパラダイムを変換させる。

これらの理論モデルは視座や概念化の性質こそ異なるが、すべてのモデルに共通しているのは、解釈がなす作業が、無意識を意識化させるという単純な表現では見逃されてしまう、思考化をともなう現実認知の変容を引き起こすことである。解釈は、その人のあり方に深くかかわるが認識されていない心的事実／真実を、明瞭な輪郭で正確に実感するという変形をなし遂げようとする試みである。そうであるからこそ、〝腑に落ちる〟、つまり感覚的な実感をともなう認知、すなわち無意識の思考が現実化する体験がアナライザンドに得られる。解釈を通した洞察という交流が知的な体験ではなく、感覚的・感情的な理解の体験となるには、解釈にこの種の正確さが必要なのである。

(2) 解釈のための作業

上述の目標の成就をめざした解釈のための作業は、次のようである。

① アナライザンドの全体としての現象を感知する
② それに触れ味わう
③ その感覚を私たちの中で意識化する（原始的思考をもつ）
④ それを私たちの中でことばに変形する（的確な概念とする）
⑤ ことばをつなぎ、正確な意味をなす分節にする
⑥ それらのことばをアナライザンドの理解に適うように変形する
⑦ 変形されたことばを、時機をとらえてアナライザンドに向けて発声する
⑧ 私たちの発声の行為を自己モニタリングしておく
⑨ 同時に、私たちの発声の行為へのアナライザンドの対応を観察する

ちなみに、解釈のこの作業を、ビオンがグリッドに提示している思考の成熟水準で検討すると、①、②の思考は、β要素（グリッドA）、α要素（同B）である。③の思考は、α要素、夢思考・神話（同C）、④は、前概念（同D）⇓概念（同E）、⑤と⑥は、概念の連接と、新たな概念、あるいはコンセプト（同F）の形成である。そして、上述した流れの④から⑦が、狭義の解釈の作業である。

（3）分節化（articulation）

ここで私は、解釈を形成するための中心作業として「分節化」という概念を提示したい。分節化の定義は、「分節に分けて明瞭に表現する過程、またはその行為」である。解釈の機能としての分節化は、「ことばを通して理解する作業であり、ひとまとまりの構造を持ったものが分化して、相互に関連をもつ組織的な構成成分を形成することであり、それの明瞭な発言による表現」である。

この分節化の役割には、アナライザンドの洞察を導く正確な言語性のコミュニケーションの達成がある。先ほどの思考の成熟という視点からは、分節化は、臨床家の α 機能の活動によって、β 要素、α 要素、夢思考・神話水準を含むアナライザンドの原始思考（ゆえに、意識できていない思考）を的確な概念に変形することである。すなわち、上述した「解釈のための作業」では、狭義の解釈の主作業である④から⑥の部分において分節化の作業がなされる。

このように分節化は、的確な解釈をおこなうという臨床家が心掛ける本質的作業そのものであるのと同時に、解釈自体が抱える問題を解決する働きをもつことをもここに述べておく。

ここで私が取り上げる解釈のもつ問題とは、解釈ということばによる伝達、すなわち言語的コミュニケーションは、必然的にふたつの非言語的コミュニケーションを含むことである。

ひとつの非言語的コミュニケーションは、分節化によって排除された、語られなかった思考の存在である。分節化がなされていようといまいと、臨床家が何かを伝えることによって、ことばにされなかった何かも、それらのことばの外側で同時に伝えられている。私たちが言ったことは、言わなかったことを言外に含んでしまう。ゆえにこの問題は、解釈の分節化がなされても不可避に発生する。しかしながら、私たちが分節化を実行して解釈の作業をおこなうなら、おのずとその分節化で選択したものと排除したものが明瞭に私たち自身に認識される。こうして私たちは分節

化の実践によって、何を伝え、それと同時に何を伝えていないかを認識しながら解釈していくのである。(注9)

もうひとつの非言語性のコミュニケーションは、解釈の行為面が担っている非言語性の思考である。私たちが思考を伝えることは、発語という行為なしには成り立たない。発語には、発声量、リズム、イントネーション、声の質、湿り具合、歯切れ等による非言語性のコミュニケーションが包含されている。さらに発語には目の輝き、表情の動き、身振り、空気の振動等身体活動を随伴する。これらの行為は、非言語性の思考の伝達である。この問題も、解釈の分節化の作業がきめこまやかに、かつ正確になされるほど、そこで提示する解釈内容の明確な輪郭によって、アナライザンドの応答の質を踏まえて、非言語性に伝達されたものが格段に把握しやすくなる。私たちがどんな思考を伝えたかを確実に認識できているなら、アナライザンドの反応が私たちの何に対応しているか——非言語的なものによる場合——が認識しやすい。(注10)

五　結語に代えて——鍛錬

本論考において私は、精神分析臨床場面での現象とその感知、理解、解釈という一連の精神分析行為を技法の視点から述べてみた。ここで私たちが認識しなければならないことは、私たちは考えるためのことば、話すためのことば、無意識に置いておくことばという、私たちがアナライザンドの現象を的確に表現し正確に伝達するためのことばを保持しておく必要があることである。

これらのことばのこの保持のための鍛錬を私たちは心掛けなければならない。私たちは、私たちのことばを鍛えなければならない。そしてその鍛えることとは、馴染んで陳旧化させること、使い古された陳腐なことばにするのではなく、馴染んでいるとともに新鮮な的確さを保持する、生きていることばを保持しておこうとすることである。こころを鍛錬してはならない。なぜなら、こころは鍛錬したら感受性をすり減らす。強く、かつ鈍い人になることを私たちはめざすのではない。私たちは、こころの感受性は保持し、ことばを生きたものにしておくために鍛錬するのである。

文献

（1）Bion, W.：Elements of Psycho-Analysis. 1963. Maresfield Reprints, London, 1984.

（2）Bion, W.：Transformations. 1965. Maresfield Reprints, London, 1984.

（3）Bion, W.：Notes on Memory and Desire. 1967. Spillius, E.B. (Ed) Melanie Klein Today vol. 2. Mainly Practice. 17-21. Routledge, London, 1988.

（4）Bion, W.：Second Thoughts. Heinemann, London. 1967.

（5）Bion, W.：Attention and Interpretation. 1970. Maresfield Reprints, London, 1984.

（6）Freud, S.：Recommendations to Physicians practising Psycho-Analysis. S. E. 12, 1912.

（7）Klein, M.：The Origins of Transference. 1952. The Writings of Melanie Klein. Vol.3 Hogarth Press, London. 舘哲朗訳　転移の起源　メラニー・クライン著作集4　誠信書房　一九八五。

（8）松木邦裕：分析臨床での発見　岩崎学術出版社　二〇〇二。

（9）松木邦裕：分析実践の進展　創元社　二〇一〇。

（10）松木邦裕：不在論　創元社　二〇一一。

（11）Money-Kyrle, R.：Cognitive Development. International Journal of Psycho-Analysis. 49, 691-698. 1968. 古賀直子訳：認知の発達　松木邦裕編・監訳：対象関係論の基礎　新曜社　二〇〇三。

（注9）例をあげる。私が〈あなたは、私から放り出されることを怖れているのでしょうね〉と解釈するとき、この発言によって私は〝拒絶の怖れ〟を明瞭に輪郭づけするが、アナライザンドが同時に抱いていたかもしれない愛着や寂しさ、憎しみ、安心等の感情を排除している。また〝拒絶〟という概念を提示することで、分離、喪失、置き去りにするといった別の概念を排除している。

（注10）例をあげる。私が〈あなたは、私から放り出されることを怖れているのでしょうね〉と解釈するとき、この言語化された内容の伝達と並行して、私の非言語的な行為から伝達されている内容――たとえば、怖さへの共感、拒絶の行動化、叱責、落胆――が存在しうる。

対決一　悲しみをこころに置いておくことをめぐって

悲しみをこころに置いておけないこと——抑うつ状態についての覚書

松木　邦裕

一　はじめに

本論考で私は、うつ病、あるいは抑うつと呼ばれる病態を精神分析学的に考察していきたい。それに際しては抑うつが出現してくる臨床病態を、快感原則（快‐苦痛原則）に従う一次過程に基づいたこころの排出活動と私が見ていることをあらかじめここに述べておきたい。

正常な悲哀の仕事の過程においては、悲哀の感情や罪悪感はその強い痛みにもかかわらず、こころというコンテイナーの中に置いておかれ、そこにおいて徐々に消化され、その痛みはやがて薄らいでいき、受け入れられ変容されたそれらの感情はその人物のあり方全体に繊細な深みを付け加える。一方、「抑うつ／デプレッション」と呼ばれる病的状態は、こころというコンテイナーが悲哀の感情や罪悪感という痛々しいコンテインドを包みきれなくなってこころからそのまま排出している（心理学の用語では、〝投影している〟と表現される）か、あるいは、凍結もしくは麻痺させて異物として解離させ排除しているとのことである。それに続いて起こることとして、排出されることで排除された感情がその意味をなくしてしまうことがときとして認められる。そこには排出・排除されたこれらの感情の意味を剥ぎ取る、すなわちアルファ機能を逆転させている負の対象（negative object）が無意識の内界に存在していることが見出される。

本論考での私の論旨は以上である。臨床経験から、その形態を描き出してみたい。

二　臨床描写

（1）臨床素材1――悲哀の排出

飛び降りによる脊椎骨折の手術とその後のリハビリテーションのため総合病院に入院治療中であった三〇代の独身女性Aが、紹介されて私を受診することになった。

Aは数年来ある専門職に従事していたが、ひとりで暮らしていたマンション宅で睡眠導入剤とアルコールを多量に飲み、その勢いで建物の狭い隙間からの飛び降りを敢行し、その後病院に運び込まれたのだった。そこでの手術の経過は良好で彼女は身体的には順調に回復した。だが、抑うつ的である一方、入院している病棟でのふるまいが病棟スタッフに対してあまりに粗野で激しく攻撃的なこと、また日頃から家族全員、すなわち母、兄、妹がAに手を焼いていたこと――彼女はすさまじく興奮して家族を激しく罵倒し脅かすことが頻繁にあった――から周囲が精神科での治療を望んだこともあり、私への受診の運びとなったのだった。

初めに相談に来たAの母親は、このままでは「私は殺されるか、外国に逃げるしかありません」と怯えた口調で興奮気味に私に語った。母親が語る彼女は、幼児期から今日まで穏やかで持続的な人間関係を築いたことがまったくない人物だった――元婚約者を含めたあらゆる人物が彼女に手を焼き、逃げるように彼女のもとを去っていった。彼女はそうした人たちを激しく攻撃しつづけた。

歩けるようになった後、家族に連れられてやってきて私と初対面した彼女は、とても陰うつそうで不機嫌だった。身体の具合は悪く、睡眠もとれず、今回の出来事もあって自分はもはや社会的に失格であるとの烙印を押されるとAは失意にあった。自分の精神がすっかり疲れてしまっているとも感じていた。今回の飛び降りが自殺の試みであったことは否定したが、絶望感と死にたい思いもなかったわけではないことも認めた。

私とのやりとりの中で、抑うつ状態にあることをAは認め、精神科への入院にはかなり拒否的でありながらも、終いにはなんとか受け入れた。

こうして入院した彼女は、ほとんど入院の始まりから精神科病院での入院生活の耐え難さを訴え、投げやりに、ときにはひどく興奮して毎日繰り返し何度も、退院を私や病棟スタッフに主張した。ただそうはありながらも、私の対応や看護スタッフの穏やかな受容があって、どうにか入院治療にとどまることができた。ことばには出さなかったが、Aは今の自分には居場所はもはやよそにはないとも感じていたようだった。開放病棟で私は、週三回、三〇分間の面接を設定し彼女に会う治療構造を導入した。

私との面接では彼女は、自分は確かに精神的に疲れている、しかし精神の病ではまったくない、精神科治療が必要なのは母親の方なのであると、一方的に声高に主張した。彼女は家族経営の会社で懸命に働いたのに、ワンマンな母親がその努力をまったく認めようとせず、逆に自分をとことん責めて責めて追い詰めたのだとひどく興奮して母親を罵倒した。憤懣やる方ない様子で、問題はそもそも母親にあるのだから私との面接は彼女には何の役にも立たないと言い、「あなたと話をして何が解決するというのですか。ほら、今日の面接も、何にも役に立たなかったじゃないですか」とひきつった笑いを浮かべて私をあざけり、大声で問い詰めた。

私は私のこころの中で、生活史に見出された幼児期の裕福な中にまったく孤独であるというAの体験をもの想いしながら、彼女のこころの中のひどい絶望と孤独、どうしようもない悲哀の感情への共感的理解を伝えた。彼女は私のこれらの解釈にうなずくことはできた。しかしながら、それは母親のせいで、あるいは精神科病院に入院しているから、さらには骨折と手術で身体が弱ったから、そうなったのだ、自分はもともとても明るい人間で友人も多いのだと感情の起因は被害的に外在化され、悲哀はそもそも彼女のこころにあるものではないとしてしまった。こうした面接の後には、Aは自宅に立てつづけに何回も電話を入れ、母親を激しく責めつづけた。責めを受ける母親はひどいパニックか抑うつに陥った。

Aのこころの中の絶望や悲哀の感情は、A自身に感知されるとただちに排出され、憎しみでもって私や家族、あるいは病棟スタッフに力ずくで押し込まれた。彼女に対応している私たちは、私たちそれぞれのこころをパワーショベルでざっくりとえぐられたかのような強い痛みをともなう、「なんとも、どうしようもない」というひどく絶望的でみじめな感情にさいなまれることになった。

絶望や悲哀をめぐるこのやりとりは、私がAに〈あなたは自殺を試みたのです。ただそれは、あなたがすっかり死んでしまおうというのではなく、あなたはあなたの中の苦しい絶望している抑うつ的な自分の部分を消してしまいたかったのです〉と解釈したとき、ひとつの頂点に達した。

私のこの解釈に彼女は憤怒した。彼女は怒りのあまり、ただちに面接室を出て自分の部屋にコップと水を取りに戻り、それを私にぶちまけた。

「私は死ぬ気はまるでなかった。私は疲れ過ぎて、ただ眠りたかっただけです。それなのに、どうしてそんなことを言うんですか。見てもいないのに、どうしてそんなことを言うんです。すでに私は落ち込んでいるのに、その私をもっと落ち込ませるようなことをあなたはどうして言うの。私は、あなたをまったく信頼していません。もう、面接は受けない」と、彼女はその場で私を拒絶した。

Aは実際、しばらく面接に来ず、バリケードで私を彼女の部屋に入れようとしなかった。私は母親と同様に、彼女を一方的に責めさいなみ、彼女がやっと手に入れようとしているかすかな希望を無意味な虚しいものに汚してしまうひどい人物なのだった――私は彼女のこころにある絶望や悲哀の感情への理解を共感的に伝えようとしていたのだが、それは彼女には彼女の存在の価値を無に帰し彼女の悪いところや弱さを糾弾し責めている姿として写っていたのだった。私は彼女には、よいところを剝ぎ取り、そこに苦痛を擦り込み、こころをかき乱す〝負の対象〟そのものだった。

私は面接を続け、私がAに罪悪感や悲哀感を押し込むという彼女の迫害的な恐怖を彼女に解釈しつづけた。また、抑うつ的な悲哀感情こそが、自分の弱さの証拠と思えて彼女がこころに置いておけないものであることも伝えていった。彼女は内心では彼女の思い描く母親との間でのように私から報復されるのではないかとひどく怯えながらも、繰り返し激しく怒り、繰り返し私を責めつづけた。またあるときには、ある病棟スタッフの配慮を欠いたふるまいに激怒し、さらには執拗にそのスタッフを非難し、それを通しても私を責めた。怒りが一杯にあふれたとげとげしく、かつ、ぎくしゃくした私たちの関係は続いた。

しかしこのような日々が数カ月重なる中で、つまるところ彼女への姿勢がまったく変わらない私に彼女は気づきはじめるとともに、ときおり私への信頼もことばとして口にされるようになっていった。ゆっくりと、理解をもたらしてくれそうな対象／（すでに亡くなっていたゆえに）過度に理想化された父親を私に見出していったのだった。このころから彼女はみずからのこころに小さな希望を見出し、私の拒絶に内心怯えながらも、それを私と分かち合うことができるようになってきた。

こうして彼女は入院前の状況について、まったく行き詰まっていたこと、ひどく孤独で陰うつで絶望しており、うつろなこころを何とか埋めようと数年来いくつかの宗教にすがるなど自分なりに必死で助けを求めたが、誰も彼女のこころを本当には支えてくれなかったこと、すなわちみずからの虚しさと絶望を含んだ抑うつを私に語れるようになった。Aは、絶望している自己とその感情をわずかながらもこころに置けるようになった。そうした悲哀感を、みずからのものとして受け入れることがいくらかできるようになったのだった。やがて彼女はほんのしばらくの時間ながらも、「私にも悪いところがあった」と自分の罪悪感をそれとしてこころに置きはじめた。

しかしながら彼女がこの罪悪感を本当に自分自身のものとするには、私との間での行動化という実感されるための具体的な体験を必要とした。あるとき私との面接の後も怒りつづけていた彼女は、私を医局まで追いかけてきた。そして対応に出た私の頬を、いきなり平手で殴ったのだった。

この行為によって現実化された彼女の罪悪感は、まさに実在する感情となり、私は彼女にとって罪悪感にまつわる実際の対象となった。こうして彼女は、これまで途絶することにしかならなかった罪悪感をこころに抱きながら生きていく体験を私との間で生きることになったのだった。虚しさや被害的な抑うつ感情よりも、悲哀と罪悪感が彼女の感情としてこころにようやく置かれた。

（付記：約一年後、彼女の就業にともなう転居により治療は終結した。その後、臨時の面接をおこなうこともあったが、現在良好な社会生活を営んでいる。）

(2) 臨床素材2——凍りついた悲しみのこころ

数年来の重篤な抑うつ、離人、そして脱現実感に苦しんでいた三〇代の独身女性Bが私と週一回のセッションからなる精神分析的心理療法を始めた。

私との治療を始める数年前から、仕事はどうにか続けていたのだがBは職業人としてまるで機能していない自分を感じていたし、こころを占領している重い抑うつ感とそれと混在する無知覚感に四六時中圧倒されつづけていた。どうとらえてどう言っていいのかわからない重苦しい世界に自分がいる、とBはいつも感じていた。彼女は「本当の自分の深いところでは、自分はもはや生きていない」と感じていた。

こうした持続していたこころの苦しみが、私の治療をBが求めてきた理由だった。私の前にいる、ふとしたときの彼女のふるまいと表情は、ガラス細工の脆い壊れものを私に連想させた。このまま小さなヒビが入って粉々に壊れてしまいそうだった。

この重い抑うつ状態は、数年前に彼女が経験した慢性疾患による母親の衰弱死がきっかけであることをBははっきり認識していた。だが彼女は、そのときの悲哀や罪悪感から自分がいつまでも立ち直ることができずつらいままなのがどうしてなのか、自分ではまったくわからなかった。考えられなかった。さらにそのわからなさにも苦しんだ。

面接では彼女は、私との間で「自分を出し過ぎて」しまうことになり、その結果私を戸惑わせてしまうことをひどく恐れた。しかしながら私とのそうした恐れは抱きながらも、彼女は衰弱して死んでいく母親の介抱ができなかったこと、さらには自分が母親を殺したように感じていると、ひどくつらがりながら涙ながらに語っていった。

彼女の抱く罪悪感は圧倒的に強烈なものだった。そしてその一方で母親が亡くなった頃の一年ほどの記憶がまったくないこと、「まだ私は、お母さんの死を感じていない、悲しんでいない」とも語ったのだった。始まった私との面接を通して、Bは母親の死を悲しんでいくのだった。治療セッションの中で彼女は多く涙した。それは凍りついていたこころがゆっくりと溶けていくような過程だった。

これから示す一連の夢が、その過程を示している。

私との治療の始まりに彼女はひとつの夢を語った。

それは、〝どこかの港の岸壁にひもでつながれている大きな木箱が、夜の暗い波間に漂っているのを、自分が見ている〟との重苦しくひどく寂しい光景だった。

私との治療を始めてしばらくすると、彼女は母親の夢を見るようになった。母親の病死以来、これまではなかったことだった。

初めの頃、夢の中の母親は、まさに死にかかっていた。その死んでしまいそうな衰弱している母親に彼女は寄り添って肩を貸したのだが、そうしていながらも自分の申し訳ない気持ちは母親にはまったく通じていないとつらく感じたのだった。彼女はその自分にすっかり絶望した。

その三カ月後の夢では、母親はやはり病んでおり、弱っていた。けれどもBはその母親と穏やかに話せるようになり、母親も具合の悪いところを彼女に相談してきた。しかしBは、苦しんで死んでいく母親に何もできない無力な自分を感じてもいた。自分が母親を殺したという思いでBのこころは一杯になり、彼女はひどく泣いた。

こうして夢を通して母親との別れの悲しみや罪悪感は、これまでになかった実感をもって体験されていった。

治療開始一年半後には、夢の中の母親は初めの頃の死にかかった姿から元気な様子へと変わり、彼女が自由に生きていこうとすることを、その母親が支持してくれたのだった。

一年九カ月後にBが語ったのは、「以前は母がもうこの世にいないと思うとパニックになって、私は考えられませんでした。でも、しばらく前から、母とはこの世ではもう会うことはできないんだと考えることができるようになりました。……とても悲しくなります。一人ではまだ泣けないけど、思うことはできます。……（泣く）……以前は、すべてを抑えてしまっていて。……私は生きていなかった。……今は、怖いことや怖い目への怯えはありますけど、動揺しながらも、それをなんとか受け止められるんです」と、彼女のこころの中の悲しみを語ったのだった。

この後、少しずつ元気を取り戻してきたBは、この時期において初めて意識化された〝怖い目〟という迫害的な内的対象との関係を私との間で語り、生きていくことになった。

Bは、職場での出来事を話題にし、突如手のひらを返したかのように彼女をことあるごとに徹底的に非難し打ちのめすようになった上司の不条理さを私に訴えた。彼女はもともと敬愛していた上司の予想もしなかった突然の変貌に悲しみ、憤りを感じた。そして治療の三年目を前にある出来事をきっかけとして、私も、Bの思いを何も理解せず、彼女を批判し非難する人物となり、私との関係はもはや駄目になってしまっていると彼女は絶望した。彼女は失望と怒りで、私との治療をやめるしかないと思い詰めた。

これらの一連のセッションでの転移体験とそのワークスルーを通して、私たちは〝怖い目〟は彼女を非難し攻撃する内在化されている父親対象であることの実感ある理解を深めていった。そしてその後、父親との間で実際に起こった傷つき恐怖に圧倒された体験を通して、彼女は父親の妄想的でサディスティックな歪みを改めて認識するにいたった。彼女は父親への怒りをはっきり自覚した。それまでＢは父親を知的で愛情深い理想的な素晴らしい父親としてしか見れなかったし、そうある人物としてＢも愛情を込めたやさしさだけで対応してきていたのだった。父親によるサディスティックな激しい攻撃と彼女の深い傷つきはその体験の直後にすっかり否認されていた。

こうして気がつかれたことは、母親の死を悲しもうとするＢのこころが凍って彼女のものではなくなっていたことの背景には、この迫害的な父親対象の圧倒的な侵入があったとのことだった。Ｂのこころは、父親対象／〝怖い目〟が支配している暴力的で恐怖を植えつける彼の世界になっていた。彼女はそこに生きることになり、もはやこころを自分の世界にできなくさせられていたのだった。彼女のこころは、彼女の体験についての彼女自身としての意味や感情を生み出せなくなっていた。体験されたものは、虚しさと言いようのない激しい恐怖になっていた。

この事実に気がついたことで、彼女は安らぎを感じた。なぜならこの気づきが、理想的な父親がいると思うことで否認してきた、迫害してくる負の対象の存在とその性質を彼女にはっきりと認識させてくれるとともに、その認識こそが、彼女が自分らしい生き方を成し遂げていくために必要な、外的父親との現実的な付き合い方をもたらしてくれるからだった。しかし、それと同時に彼女はひどくやるせなくもあった。長い間求めつづけてきていた暖かい思いやりの目を向けてくれる父親は現実には自分にはいない、さらには負の内的父親対象とは断固闘わねばならないとの悲しすぎる事実に気がつくことでもあったからだった。

しかしながら、この新たな悲しみは、亡くなった母親への悲哀とともにBのこころにそのまま置いておくことができるものだった。

（付記：数年後、治療は終結した。）

三　考　察

抑うつ状態、あるいはうつ病と呼ばれる病態は一般に、対象喪失によって自然に発生してくる悲哀感や罪悪感をみずからのこころというコンテイナーがその内に置いておけなくなった状況であるように私には思える。

フロイトは論文「悲哀とメランコリー」(2)において、メランコリー（精神病性のうつ病）というもっとも重篤な病態を呈したうつ病を素材として抑うつ状態を検討したが、臨床的には抑うつ状態は実に幅の広い病態を含んでいる。そしてそれらは、まさに悲哀とメランコリーの中間に幅広く位置するのである。

前述の論文でフロイトは、「われわれは、時期が過ぎれば、悲哀は克服されるものと信じていて、悲哀感の起こらぬことはかえって理屈にあわぬ不健全なことと思っている」と正常な悲哀について述べている。ここでこの正常な悲哀と抑うつ症例を対比してみるなら、私の述べた臨床素材2の女性Bでは、社会的な喪の時期が過ぎても悲哀の感情、ひいては抑うつ感は克服されなかった。またもうひとりの臨床素材1の女性Aは、悲哀の感情はあたかもこころに湧いてこないかのようにふるまっていた。このように二例ともに正常な悲哀の過程を逸脱していた。

一方、メランコリーについてフロイトは、「自我それ自体が貧しく空しくなる」と述べている。この見解は、私の提示している二例ともに合う。しかしながらメランコリーでの彼の言う「対象への反逆」については、自己愛同一化による自己非難、すなわち「対象に圧倒されてしまっている」、「メランコリーの後悔」には、私の二例ではなりきっていない。臨床素材1の女性Aでは明らかに母親という、臨床素材2の女性Bでは長く潜在していたが、内的父親という、はっきりと圧倒してくる対象に怒りは向けられていたのである。これらの点からも私の示した二症例は、悲哀とメランコリーの間を見せてくれていると理解できそうである。

フロイト以後の研究者クライン(4・5)は、抑うつを呈する人は、乳児期に妄想‐分裂態勢をワークスルーし抑うつ態勢に至ることができている人であるが、抑うつ態勢を充分にはワークスルーできていないため、妄想的なこころの構えに戻りやすいとの見解を示した。クラインは別の文脈でこのことを、「抑うつ状態は妄想状態を基礎としている」とも述べ替えている。私の見るところ、この妄想‐分裂的心性が関与していることにおいて、退行的に私の述べた一次過程が活発に作動するようになる。つまりスプリッティングや断片化、そしてなかでも排出活動、つまり具体的な投影同一化が活性化してくるのである。

ところでクラインは、境界例や重症神経症などに見るさまざまな抑うつ状態について考察したが、彼女はフロイトに従い、それに拮抗するこころのメカニズム、つまりとり入れに関しては多く語っても、この排出の病理についてはあまり触れていない。ただ彼女は、排出の健康な活動については述べている。すなわち、感情の排出は悪い対象や悪い感情の放逐によって内的世界を自由にする、その結果とり入れが向上すると述べている。さらに、このとき外界の助力が一役買っていること――まわりの人たちの同情や悲哀の共有体験の役割――にも彼女は触れている。しかし私の二例が示しているように、何らかの理由で外界の手助けが得難いとき、この健康な排出はとどこおってしまう。ゆえに抑うつの苦痛は持続することになり、さらにそれ以上の恐怖の体験――負の対象による意味の剝奪による無意味化――がここで起こると思われる。この点は臨床素材に戻った中で触れる。

私は抑うつについての先人の考察を踏まえ、より原始的な心的活動、とくにこころの一次過程としての病理的な排出の活性化という理解を加えることで(6)、その病態をより広く概観できるように感じている。

二つの臨床素材に戻ってみよう。

臨床素材1の飛び降りを敢行した女性Aでは、彼女はみずからのこころから抑うつ感情を排出し、まわりの人たちのこころの中に無理やりにでも押し込んでしまおうとやっきになっている。それはひどく強引で猛々しい。しかし現実には、その抑うつ感情は彼女のこころに繰り返し湧き上がってくるものである。そこでそのたびにこころからの抑うつ感情の排出は過激な行動、治療関係での行動化によって試みられ、この試みは終わりがないかのように繰り返されることになる。

その排出は同時に、これらの感情を含む自己部分の排出とそれによる自己の諸機能の低下をもたらす。そしてこのことは、病者自身の認知や思考の能力を落としてしまうために本人とまわりの人たちとの関係をさらに悪化させ、本人の絶望感や孤独感はさらに高まり、こころはますますそれらの感情をコンテインできなくなってしまうという悪循環を生み出すことになる。

ここで私は次のこころの過程を付け加えておきたい。クラインの言う健康な排出が外界対象の受け取りがなくとどこおったとき、その孤独は主体にとって、無の物体（nothing――あるいは、負の働き[3]）の中に無限に吸い込まれていくとの理解しがたい激しい恐怖（言いようのない恐怖[1]）の体験となる。すなわち、そもそもの抑うつ感は、その意味や概念を剝ぎ取られ、虚しさという底なしの破局的な恐怖がどんどん拡大していくという無意味の増殖をもたらしてしまうのである。症例Aは、この無の強烈な恐怖から逃れようと、自分自身を体感できる狭い隙間に自分を押し込んだ。すなわち、隙間から飛び降りる自殺行為へと走り込んだのである。

これらの恐怖ゆえに、主体はみずからの耐え難い感情を受け取ってくれる対象を必死で見つけ、その対象に向けて大量かつ強烈に排出しつづけようとする。しかしそれが成し遂げられないと感じられるとき、もともとの悲哀の感情はこの言いようのない恐怖に彩られ、さらに苦痛なものとなる。このときの外界対象は、主体には意味がわからない虚しさを強引に押し込んでくる迫害的な虚空の対象――アルファ機能を逆転させている負の対象――と見なされる。

この典型は、境界型や自己愛型のパーソナリティ障害を基底に置いた抑うつ状態に見る[7,8]。ちなみに症例Aは自己愛パーソナリティ障害と診断できる。このタイプの抑うつの場合には治療的には、患者の耐えられない抑うつ感情を排出していくためのターゲット対象に私たちはなり、それから排出された感情を私たちの中にしばらくコンテインしておくことによって、それらの恐怖を薄め抑うつ感情に意味をもたらし、彼女らのこころに適った適量の悲哀感情を彼女らに戻していく作業をしていくことが私たちに求められる。私たちは困難な治療場面においても、理解と意味を授けるアルファ機能を保ちつづける対象であることが求められるのである。

次に抑うつ状態でも臨床素材2の女性Bのように、こころや感情が凍結してしまっている状況もある。彼女が最初に語った〝暗い波間に漂う木箱を見ている〟の夢は、その堅い木箱が彼女のこころの大きな部分であり、その中に彼女の悲しみの感情は閉じ込められている。そして感情を収めた木箱は彼女の外に漂っているのであった。彼女の悲哀のかなりの部分は、彼女のこころでは消化できないものであり、かつこころの外にあった。それゆえBには離人感や脱現実感があった。そしてその後の夢の変化に見るように治療過程において私が、彼女が実際抱えている悲哀や罪悪の感情に共感的にかかわり理解を伝えていったこと――排除されていたBのこころの部分も含み込むコンテイナーかつアルファ機能として働きつづけたことで、排出されていた彼女のこころや感情はようやく彼女の中に戻り、それは徐々に溶け出していった。

Bは母親の死後、とらえどころのないままに自分がそのままどうかなってしまうのではないかとの破局的な恐れ――言いようのない恐怖――を抱いていた。それは、排出されていた悲しみがそのまま無の物体(nothing―虚空の穴)の中に無限に吸い込まれ、彼女の自己は壊れて消滅していくようであったからであろう。彼女は、こころとその中の感情を凍らせることで狂ってしまうことから、意味が剝奪されつづけて無になってしまうことからみずからを守ったのである。

この負の働きが彼女のこころにおいて活性化した背景には、外界の妄想的で粗暴な父親による罪悪感の暴力的な押し込みによって、彼女の罪悪感がさらに強大なしかも理解しがたいものとされ、その結果、悲哀の感情も圧倒的な量となってしまったことがある。そもそもBは、内在化されていた迫害的な内的対象を意識的に明確に認識できていなかったのであった。そのため外界の迫害的な父親部分も完全に否認されていた。その結果父親対象は、彼女にとって無意識に存在している意味を剝ぎ取る対象[1]／アルファ機能を逆転させている負の働きをなす対象であった。

こころを彼女が取り戻した後の治療過程は、転移関係あるいは転移外関係のワークスルーを通して、その対象表象なき負の対象（言いようのない対象）を認識していく過程であった。それによって彼女はそれまでの過重な罪悪感と悲哀について、その内の負の対象から押し込まれたそれらの部分を認識するとともに識別し、その上でそれらの感情を抱えるべき本来の対象（〝怖い目〟―父親対象）に戻していくという険しく困難な作業を私と協働しながら進めていった。こうして彼女の破局的な苦悩の体験は、自分自身本来の罪悪感や悲哀をしみじみと味わっていく、また涙として排出していく正常な悲哀の過程になってきたのであった。

四　おわりに

私はここで、抑うつと臨床的に認められるこころの状況についての若干の考察を加え、治療での基本姿勢にも少しふれてみた。

フロイトは論文「悲哀とメランコリー」において、精神病性うつ病に明晰な考察を加え、クラインは抑うつの理解を確実に前進させた。私がこころの排出と無意識の負の働き、あるいはアルファ機能の逆転によって体験の意味を剝ぎ取る負の対象を考慮しながらここで述べたことは、もちろんそれらにはおよびもつかないが、精神病性うつ病と悲哀の中間に位置する病態としての抑うつ状態の理解にいささか寄与するものが含まれていることを期待している。

（オリジナル論文は「悲しみをこころに置いておけないこと」と題して、指定討論演題として日本精神分析学会第四五回大会（浜松市、一九九九年一〇月）、のちに加筆版を佛教大学心理臨床センタースタディデイ２（京都市、二〇〇一年二月）にて発表している。本稿は今回さらに加筆修正している。）

（出典：抑うつの精神分析的アプローチ　金剛出版　二〇〇七）

文献

（1）Bion, W.：Learning from experience. 1962. In Seven Servants. Jason Aronson, 1977. 福本修訳：経験から学ぶこと（精神分析の方法Ⅰ――セブン・サーヴァンツ）法政大学出版局　一九九九。

（2）Freud, S.：Mourning and Melancholia. S.E. 14, 1917.

（3）Green, A.：The primordial mind and the work of the negative. International Journal of Psycho-Analysis 79, 649-665, 1998.

（4）Klein, M.：A contribution to the psychogenesis of manic-depressive states. International Journal of Psycho-Analysis 16, 262-289. 1935, 安岡譽訳：躁うつ状態の心因論に関する一寄与（メラニー・クライン著作集３）誠信書房　一九八三。

（5）Klein, M.：Mourning and its relation to manic-depressive states. International Journal of Psycho-Analysis 21, 125-153, 1940. 森山研介訳：喪とその躁うつ状態との関係（メラニー・クライン著作集３）誠信書房　一九八三。

（6）松木邦裕：対象関係論を学ぶ――クライン派精神分析入門　岩崎学術出版社　一九九六。

（7）松木邦裕：人格障害とのかかわりでの逆転移　成田善弘編：現代のエスプリ　別冊人格障害　二七五―二八五頁　一九九七。

（8）松木邦裕：精神分析的精神療法の最近の病態に対する適応　臨床精神医学　二七巻九六九―九七七頁　一九九八。

悲しみをこころに置いておけるために
――攻撃性の解釈から〝見えない連結〟の解釈へ

祖父江　典人

一　はじめに

松木邦裕は、紛れもなく本物の精神分析家であり臨床家である。ここでわざわざ〝臨床家〟を付け加えたのは、そのふたつの存在のありようが並び立つのは、決して容易ではないからである。精神分析家、イコール、臨床家として力のある人とは限らない。松木は、その困難な所業を成し遂げた、得がたい存在である。

私は今から二十数年前、臨床指導のため、たびたび名古屋を訪れていた松木にスーパービジョンを受ける機会を得た。当時の私は、クライニアンの人間洞察の深さに魅せられ始め、日本におけるその道の雄である松木にも憧憬の念を強く抱いていた。私は、松木の片言隻句まで聞き漏らさないために、スーパービジョンでは録音を許可してもらい、その後には、松木のことばをすべて逐語録に書き起こしていた。大袈裟な言い方になるが、当時、松木は私の〝神〟だったのだ。私は、松木の紡ぎ出す〝ことばのミルク〟を一滴も残さず〝呑み尽くそう〟としていた。ちなみに、これまで私の〝神〟となった存在は、ドストエフスキー、吉行淳之介、ジョン・コルトレーンである。私はいわゆる求道的な魂の先人に強く惹かれるところがあった。

あれから、二十数年の歳月を経た。当然のことだが、私にも私なりの臨床観が根付き、師である松木の姿を当時とは違った角度から捉えることもできる。すなわち、私は、松木から〝分離〟した。

本小論は、師である松木から分離した元弟子の、松木との内的な対話である。思い切って言えば、私には、松木の精神分析臨床の真髄は、突き詰めていけば、ほとんど一点に収斂していくように思われる。それは、松木の若い頃の論文から一貫して通底している〝響き〟として、まずは聴くことができる。その響きの音は、松木臨床の表舞台にこそ登場しないものの、常に通奏低音として鳴動している。ありていに言えば、それは松木の魂が轟かす遠雷だ。

私には、それ抜きには、松木臨床は語れないし、学べないものと思う。

したがって、本小論は、まずは松木精神分析臨床の本質を問い詰めたい。すなわち、松木の魂が震わす響きの音の正体を明らかにし、その上に立脚している精神分析技法を詳らかにしたい。このような手順を踏むのは、松木の臨床は、前者抜きには語れないし、松木技法を形だけ真似ようとすれば、セラピストもクライエントも、大火傷しかねないからだ。それほど松木の魂が震わす音は重い。

その後、私自身の臨床実践を論じていきたい。それは、松木の重視する陰性転移の解釈、あるいは「陰性転移を生き抜くこと」とは、一線を画した臨床アプローチだ。松木臨床が、屹立する冬の山脈を正面から果敢に踏破しようとするものなら、私の臨床は、冬の苛酷さの中で、その向こう側にある雪解けの予感とリンクしようとするもの、と喩えることができるかもしれない。

松木邦裕の臨床と私のそれとを対比するなどとは、分不相応のおこがましい話だが、私が松木と違った手法を採る意味を論じるのが、本稿の主眼となっている。もちろん、私が松木の臨床を追随できないのは、その力量の差に因るところが大きいだろう。だが、世の中には、さまざまな真実があるものだ。アメリカの真実、イラクの真実、文明人の真実、未開人の真実、物理学の真実、心理学の真実など。臨床分野とて例外ではない。クラインの真実、ウィニコットの真実、ロジャースの真実などなど。真実、すなわち、人が〝信仰〟するさまざまな〝神〟が存在するのが、この世の中だ。結局のところ、私たちは私たち固有の内的動機から、〝神〟を選び取る。その選択にはそれぞれの人生の〝切実さ〟が含まれているし、生の実質や覚悟も込められているはずだ。私たちの生の陰翳を引き摺る〝神〟はひとつではない！

私自身は、松木精神分析の真実をこころの奥の方で受け止めているつもりである。だが、私はそれを全面的には選び取ることができなかった。松木の魂がかき鳴らす音色と私のそれとは、ぎりぎりのところで違う実存を摑み取ったのだ。

二 松木邦裕の精神分析臨床とは何か

ここでは松木論文「悲しみをこころに置いておけないこと――抑うつ状態についての覚書[6]」を素材として取り上げるが、その前に松木邦裕が臨床に掛ける情念から迫る必要があるだろう。なぜなら、すでに述べたように、それ抜きでは、松木臨床を語れないからである。

（1）「精神分析家として生きること」

松木邦裕が精神分析臨床をどのように捉えているのか、ここではひとわたり概観しておきたい。近年の著作で、松木は[7・8]、彼の精神分析に掛ける情念を明瞭に語っている。

「精神分析臨床家として生きるということが、このごろ私に、考えることを求めて衝迫してきているものである」（『分析実践の進展――精神分析臨床論考集』）

松木にとって精神分析とは、もはや心理臨床の中の一技法ではない。精神分析に深く帰依し、まるで仏教の高僧のように、「生きること」が精神分析家という実存を生き抜くこと、すなわち、ビオン流に言えば、「精神分析家になること」「精神分析家というO（真実）になること」という意味を色濃く帯びている。このような覚悟と決意を強く秘めた松木の発言は随所に見られるし、その決意の深さからくる松木の精神分析臨床への提言は重い。

「『行き詰まり』を『行き詰まり』としてもちこたえておく力量が、臨床家に求められる。臨床実践の実際では、両者がもちこたえられなければならない。そこに産みの苦しみがある。希望はあるが、目の前にそれはない。見通しはあるようだが、ここには見えない」（『分析実践の進展――精神分析臨床論考集』）

「人が生きていくに大切なことは、よい体験をして、それをとり入れることであると同時に、悪い体験をそれとして生き抜くことです。悪い体験をどのように生き抜いていくか。それは人生の重大な課題です」（『精神分析臨床家の流儀』）

精神分析家として「生きること」の照準は、右記に見られるように、「悪い体験をそれとして生き抜くこと」に絞られていく。これは、単なる臨床技法として括られるだけではすまない、松木自身の実存的生き様も色濃く映し出された箴言のように受け取れる。なぜなら、それほどに松木のことばは、覚悟に満ちた語り口であるからだ。

他方、松木の発言の中身を吟味すれば、なにも目新しいことを言っているわけでもない。「悪い体験をそれとして生き抜くこと」とは、陰性転移を生き抜くことに他ならない。松木は、クライニアン・セラピーの芯の部分を突いているに過ぎない。以下の言は、それをよく嚙み砕いて示されたものだ。

「悪い体験によいふたをするのではなく、それを苦痛ながらも避けずに見ていくことは、その悪い体験の事実、つまり外的事実と心的事実を知るという作業をすることです。それは、悪い体験で失ったもの、得られなかったものを哀悼するとともに、そこに含まれていた空想についての理解をもたらし、その悪い体験を不必要に怖れながら人生を生きることから解放してくれます」（『精神分析臨床家の流儀』）

その「悪い体験」を生き抜くために必要不可欠なのが、セラピストが「転移にからめとられること」であり、その荒れ狂う〝情緒の嵐〟の中で、セラピストが傷つきながらもその痛みに持ちこたえることであり、さらに「正しい知識」を得るために、陰性転移解釈をし続けることなのである。その結果、「生きていることが苦しく悲しいことであることを面接室のなかのふたりがほんとうに知ったところに、喜びが生き始めるのである」[7]。苦しみをとことん生き抜いた先に喜びがあるとは、いささかマゾヒスティックな苦しみへの嗜癖性を読み取れないわけではないが、元来〝冬山登山〟とはそうしたものだろう。生死を掛けた覚悟がそこにはある。

私には、この覚悟の由来はわからないが、おそらくそれは、臨床の中だけから導き出されたものではないだろう。松木自身の生き様からくる個人的情念もおおいに関わっていよう。それはここで論じられるべくもないが、その情念の色合いを見ていくことは、松木臨床をさらに深く知ることに繋がるだろう。

(2) 松木臨床の魂の音色

松木が「悪い体験をそれとして生き抜くこと」のために用意する手段は、陰性転移解釈である。陰性転移解釈と言えば、患者の無意識裏にスプリットされ、それゆえに病理や行動化をもたらしている攻撃性を、セラピストとの関係性の中に集約させ、伝え返していく技法である。クライニアンなら常道とする手法だ。

攻撃性の解釈ほど、難しい技法はない、と私には思われる。なぜなら、それは両刃の剣だからだ。攻撃性の解釈をすること≠「悪い体験を生き抜くこと」に必ずしも繋がらないのは、臨床経験を少し積めばすぐにわかることだろう。たとえば、患者は、自分の中の目を伏せたいような悪い部分をセラピストから突きつけられたと体験し、自己否定を確信してしまうかもしれない。さらに性質が悪いのは、攻撃性の解釈が、セラピスト側の抱え切れない負の部分を患者に投影し、押し付けようとしていることだってあるかもしれないのだ。悪い対象関係を生き抜けなかったり、悪い対象関係をセラピストの要因から捏造してしまったりすることだって、決して珍しいことではないだろう。ことのほか、攻撃性の解釈とは、罪作りなのである。

松木はこの困難な所業をどのようにやり遂げているのだろうか。それは私には明白なように思われる。「共感と解釈」[5]を見てみよう。松木は、セラピストとして不可欠な心的構えに関して次のように強調している。

　「抑うつ態勢（D）では、私たちの自我は統合されていて、ゆえに対象への愛情が優勢であり、私たちは被害的になることなく罪業感や悲しみを取り扱おうとするので、対象とのあいだは受容的で、そのあいだには償いや思いやりの感情が湧いてくる」

松木は、セラピストとして、絶えず抑うつポジションで機能しようと徹底している。セラピストにそうした心的準備性が用意されていなければ、患者に何を伝えようとも、「ことばだけの表面的なもの」になり、患者は「滋養あるミルクではなく、良さそうに装われた毒のある排泄物」を与えられることに終わる、と松木は説く。抑うつポジションで機能するとは、結局のところ、攻撃性や陰性転移の背後に、不条理な人生の〝哀しみ〟の響きをどれだけ聴き取れるかにかかっているのではないか。それがあってはじめて、攻撃性の解釈は、患者を痛めつけるのではなくて、患者‐セラピスト間に通うこころの通路を切り拓くこともできるのだ。

　松木の魂の音色は、遠雷の轟きのように、強い強度を持っているが、どこか物哀しい。それはビオンの魂の音色と正確に符合するように思われる。ビオンも悲劇の人だった[9]。松木の臨床の響きは、たえず松木自身の魂の悲哀感によって強く支えされているのだ。だからこそ、患者は松木のことばの背後に〝哀しみ〟の音色を聴き取り、同時にその〝哀しみ〟に徹底的に付き添おうとする、松木の〝覚悟〟のほども知ることになるのだ。

　その意味で松木は攻撃性の解釈をしているようで、していない。松木は眼差しの先に、荒れ狂う患者の病理の底に、絶望や惨めさに打ちひしがれている〝悲劇の人〟を見定めているのだ。哀しみを感受する強力なこころの受容体と哀しみに辿り着こうとする強固な意志の下に、松木は攻撃性の解釈と「陰性転移を生き抜く」実践を揺るぎなく行っているのである。したがって、臨床技法としての攻撃性の解釈だけを真似るのは、とんだお門違いである。松木は私たちに〝私ほどの覚悟があるか〟と投げかけてもいるのだ。それ抜きには、陰性転移の解釈は単なる〝投影の突き返し〟あるいは〝セラピスト側の病理の押しつけ〟になりかねない。

（3）松木論文「悲しみをこころに置いておけないこと――抑うつ状態についての覚書」

松木の攻撃性の解釈は、松木自身の悲哀感によって強く支えられていることを見てきた。悲哀感を背に、松木は〝冬山登山〟を強固な意志で決行しているのだ。その実際を見ていこう。

①臨床素材1より

臨床素材1は、自殺未遂やその背後の悲哀感を強く否認し、その代わりにそれらの苦痛を母親や病棟スタッフやセラピストに暴力的に押し込めようとする症例である。症例Aは、入院中も投げやりで、ときにはひどく興奮し、何度も退院を要求し、松木に対しても「なんの役にも立たない」と嘲るのだった。松木や病棟スタッフは、Aからひどく絶望的で惨めな感情を押し込まれる。

松木がここでAから暴力的に押し込まれた惨めさに持ちこたえたのは言うまでもない。そのうえで、松木は次のように解釈している。

「あなたは自殺を試みたのです。ただそれは、あなたがすっかり死んでしまおうというのではなく、あなたはあなたの中の苦しい絶望している抑うつ的な自分の部分を消してしまいたかったのです」

断固としてAの抑うつ感に触れようとする（あるいは直面しようとする）松木の解釈は、Aの怒りに油を注ぐ。患者は、コップの水を松木にぶちまけ、バリケードで松木を部屋に入れようとせず、怒りの奔流とともに、まさに「陰性転移」は実演化されることになる。しまいには、松木はAから顔面に平手打ちまで食らっている。その嵐のような関係性を「生き抜いた」先に、Aはようやく松木の変わらぬ態度に気づき、「私にも悪いところがあった」と自分の悲哀感や罪悪感をこころに置き始めたのである。

私たちは、こうまでして患者の病理に正面から対峙しようとする松木の覚悟に襟を正される思いがするのではないか。このようなハードなコンテイニングの形に、気圧されてしまうのではないか。松木のコンテイニングには、暴力的な投影に身を張ってまで受け止め、なおかつ、患者の病理（悲哀のごまかし）を断じて許さぬ、見事なまでの強靭さがある。

ここには松木の臨床にかける覚悟のほどが、いかんなく発揮されているだろう。その覚悟は、患者の悲哀感にあくまでも目を凝らした上での覚悟なのである。私たちは、もう一度自らの臨床に取り組む決意の底を抉り出してみる必要があるのではないか。それほどの〝覚悟〟があるのか、と。

②臨床素材2より

臨床素材2は、1とは逆に「凍りついた悲しみ」がこころの奥に張り付いてしまい、悲哀は表現される出口を見出せず、人生自体が機能しなくなってしまったケースである。それは母親の衰弱死を機に始まっていた。「どこかの港の岸壁にひもでつながれている大きな木箱が、夜の暗い波間に漂っているのを、自分が見ている」という症例Bの夢は、彼女の内的世界の死の様相を如実に物語っていた。木箱はBのこころを表し、悲哀はその中に死んだように閉じ込められてしまっていたのだ。Bは、母親の死に過剰な罪悪感を覚え、彼女のこころはすっかり絶望に塞がれていた。

松木邦裕は、このような〝死の世界〟を前にして、どのようなアプローチを試みただろうか。松木は症例Aで見せたような、病理に対峙する果敢なコンテイニングとは違い、やさしく寄り添うように「排除されていたBのこころの部分も含み込むコンテイナーかつアルファ機能として働きつづけ」たようだ。

それでも患者の〝陰性転移〟は現れ出るものだ。Bは松木のコンテイニングにほだされ、悲哀が涙とともに溶解し出すが、「怖い目」という内的迫害対象の存在も意識の舞台に登場するようになる。三年目になると、陰性転移は活発となり、セラピストは「Bの思いを何も理解せず、彼女を批判し非難する人物となり、私との関係はもはや駄目になってしまっていると彼女は絶望した」。Bは失望と怒りで松木とのセラピーを辞めるしかないと思い詰めるまでに至る。

松木にとって、このように陰性転移が活性化するのは織り込み済みのところだろう。それを「生き抜くこと」を抜きにしては、松木臨床は語れないからだ。

結局、「怖い目」の正体は、Bにとって情愛深いと意識的には感じられていた父親の、スプリットされたサディスティックな側面であった。松木との陰性転移を通過し、Bははっきりとその正体を見定め、認識できるようになったのである。「その認識こそが、彼女が自分らしい生き方を成し遂げていくために必要な、外的父親との現実的な付き合い方をもたらしてくれる」ものであり、「さらには負の内的父親対象とは断固闘わねばならないとの悲しすぎる事実に気がつくことでもあった」。

「凍りついた悲しみ」の背後には、Bを自己否定へと陥らせる、サディスティックな内的父親対象からの攻撃があり、松木臨床は、陰性転移をワーク・スルーすることによって、「断固闘わねばならない」迫害対象と向き合い、その「悲しすぎる現実」をこころに置いておけることを可能にしたのである。

臨床素材1とは違い、ここには最初から患者の病理と対峙するようなハードなコンテイニングの姿はないが、いったん陰性転移が舞台に登場したなら、〝断固として〟それを受け止め、その正体を患者とともに認識していく作業に突き進む姿勢には、変わりない。しかも、その〝覚悟〟とは、常に「破局的な苦悩の体験」という患者の〝悲劇性〟に充分すぎるほどの思いを馳せた上でのそれであることも忘れてはならない。

③〝悲劇性〟の扱いに関して

松木は言う。「つまるところ、精神分析が達成を目指すのは、苦痛にもちこたえる力を高めることなのである[7]」。

まったくその通りだと思う。私自身臨床経験を重ねるにつれ、実感として手ごたえを持つようになった臨床観は、結局のところフロイト[3]の言に遡る。「ヒステリーの惨めさをありふれた不幸に変えること」である。角度を変えて言えば、人の健康度は、「ありふれた不幸」という〝こころの痛み〟に耐えられるかどうかにかかっているのである。どんなにひどい心的外傷を受けようとも、それに〝耐えられれば〟、ただそれだけのことだ。もちろん、私は机上論を言っているに過ぎないことはよくわかっているつもりだ。

松木は、「苦痛にもちこたえる力を高める」ために、陰性転移の真只中に突入することを躊躇しない。それには、患者の悲劇性を深く受け止めた上での〝覚悟〟があることは、すでに何度も述べたところだ。その〝受け止め〟抜きにしては、陰性転移の解釈は、サド・マゾヒスティックな関係性の単なる再演、さらにはセラピスト側のサディスティックな欲望の〝投影〟に頽落しかねない。その点で松木は、巷間の〝クライニアン・ライク〟なセラピストとは、決定的に異なっているのである。松木は〝悲劇性〟によく感応する魂の受容体を保持している点で、それらのセラピストに抜きん出ているのだ。

さて、先に私は、臨床において松木とはぎりぎりのところで違う実存を摑み取ったと、見栄を切ってしまったが、患者の中に〝悲劇性〟を見ようとする根本においては、正直違いを感じない。ただ、悲劇の〝扱い〟において、開きがあるように思う。その違いは、患者の病理がパーソナリティ障害で、抱えきれない苦痛に対して投影を多用するケースほど、よく表れるだろう。

私には、投影を多用するほどにこころの痛みを抱えきれない人というのは、松木の言うように、悪い対象関係を〝正視できない〟ばかりでなく、よい対象関係もそこに〝見えない〟人たちのように思われる。すなわち、セラピストとのよい絆の兆しがあったとしても、それが信じられない人たちである。松木は、[7]「生きていることが苦しく悲しいことであることを面接室のなかのふたりがほんとうに知ったところに、喜びが生き始める」と言うが、そうとばかりは言えないだろう。面接の始まりから潜んでいるのは、何も「苦しく悲しいこと」ばかりではない。

私には、松木の臨床観は「苦痛に持ちこたえる」ことに比重が置かれすぎているように思われる。苦痛を通過した果てに発見する〝喜び〟とは違ったそれも、面接の中には端から流れているものだ。なぜなら、セラピーとは、〝子育て〟に似た横顔も持つからである。

どんな子どもでも、どこか親を真似て取り入れて育っていくものだ。セラピーにおける〝子どもたち〟は、ことさら悪い親像を取り入れたり、悪い自己像を吐き出したりして、その悪循環の中で自縄自縛に陥っている。だが、その悪循環の表舞台とは違った世界も、「ここには見えない」にしろ、〝親〟への良性の同一化の芽として密かに準備されていることも決して珍しくはない。〝親〟の仕事とは、〝子ども〟とのポジティブな見えない連結をしっかりと見定めることでもあるのだ。

三　「悲しみをこころに置いておけるために――攻撃性の解釈から〝見えない連結〟の解釈へ」

投影機制中心のパーソナリティ障害の人たちほど、〝苦痛な体験〟は排除され、被害感として跳ね返ってくるばかりでなく、よい対象関係も不在として体験されやすい。そのようなダブルの悪い体験に導かれ、セラピーは必然的に悪い対象関係優位なものとして、最初から活動しやすい。それは起こるべくして起こる「陰性転移」として理解されるにしろ、陰性転移の解釈という〝常套手段〟が、クライエントの陰性感情の上塗りに手を貸すだけの仕業に陥ったり、セラピスト側の苛立ちの表明や怒りの突き返しに堕してしまったりすることも、それほど珍しいことではない。それを防ぐには、松木の〝力業〟が必要なことは、すでに述べたとおりである。

陰性転移が最初から影に陽に活性化するセラピーとは、私にはもはや〝陰性〟転移とは定義できないように思われる。なぜなら、それはすでに攻撃的な情動が無意識の破れ目を通って表に出現している、〝陽性〟転移と言えるからだ。そのような灰色の厚い雲に覆われた面接空間において、むしろ隠れてしまっているのが、セラピストとの絆や同一化という〝陰性〟転移の方なのだ。

ここでは、臨床素材の面接経過を時期ごとに追いながら、その都度私が考えていたことを、〈あと知恵〉として記したい。それによって、「ポジティブな見えない連結」を通しての〝親〟への同一化、さらにはそこからの出立という、〝子育て〟類似のセラピーのプロセスを提示できれば、と考える。

【臨床素材】

①概　要

四〇代の女性症例Cは、人の視線やことばが自分の悪口を言っているように思えてしまい、外出も億劫で毎日が憂うつという理由で、主治医から心理療法を紹介されてきた。Cは、年齢よりかなり若く見える容姿で、どこかしら青年期心性を匂わせる印象の人だった。

Cは、未熟児で生まれ、臍の緒が首に巻きつき、ほとんど息をしていない状態で生まれた。幼少期の頃は身体も虚弱で、たびたび腹痛、頭痛に見まわれた。だが、母親が厳しかったので、学校は休むことが許されずに登校した。母親は明るく世話好きで、仕事や趣味など何をやらせても有能な人だった。しかも、ある芸事のセミプロの腕を持っていた。母親はCのことを「どうしてこの子は何をやらせても不器用なんだろう」と、たびたび嘆いた。

視線が気になりだしたのは、小学校六年の時が最初だった。担任教師に質問されて答えられずにいたら、立ちくらみがして倒れた。その教師の視線が、意地悪く感じられた。

その後、学校時代は、中学、高校とも友達も少なく、大人しい毎日だった。ただし、成績だけが自分の存在証明になると思い、勉強はトップクラスだった。さらに、思春期になるにつれ容姿には自信が出てきて、男の子に誘われて遊びに行くのも孤独感の代償になっていた。一流大学に入学し、大学時代は、彼氏がずっといたので満たされていた。

大学卒業後、数年働いた後、知り合いの紹介で結婚。夫は自営業で、高収入。温厚でやさしかった。結婚後は夫の仕事をCもずっと手伝っていたが、仕事自体はお茶汲みや事務手続きなど単純だったので、あまり面白みはなかった。人付き合いは、仕事場と家の往復でほとんどなかった。

視線が気になることは、人が自分を汚いものを見るような目で見ている気がして、「どうして私嫌われるの」と夫にも確認することはあったが、一過的なものですんでいた。二〇代三〇代の頃は、「きれいだね」「かわいいね」と言われることも少なくなく、それでやっていけると自負していた面があった。

四〇代に入り、容姿にも自信がなくなった。特に二〇代から始めた芸事で、プロを目指している若い人の中におばさんがいたのでは迷惑じゃないかと、ここのところ思えてしまい、せっかくの芸事をやめようかと苦しくなっていた。

インテーク面接時では、毎日明け方になると、昔自分のことを馬鹿にした人たちのことを思い出して、「ちくしょう、ちくしょう」と泣き叫んでしまう。自分の人生が何も身にならなく、無駄な時間を費やしてきたなど、自分を責めてしまうという状態であった。

私は、母親の視線が迫害対象として内在化されているものの、これまでは成績や容姿を自信の糧として補償してきた、受身的で自己愛的なパーソナリティ障害という見立てのもと、週一回五〇分の私費による心理療法を開始した。カウチ式の寝椅子を使った自由連想。

② 面接経過

〈面接経過1〉——初期不安の扱いに関して

面接では、Cは身体を硬くした様子で、自分から話をするのは慣れていないから戸惑うと言いながらも、連想は過去の悔やみに多くは費やされた。すなわち、独身の頃はいろいろな男性にプレゼントをもらいながらもそれが当たり前のように思っていて、誰に対しても本気で好きにならないが、夫は一番良い生活をさせてくれそうで選んだ。就職してからは、同じ同僚の女性たちから大卒を鼻にかけているといっていじめられた。小さい頃から人付き合いをしてこなかったから、女同士の付き合いもうまくできない、など。

なかでも一番Cが後悔していたのは、結婚後、夫の仕事を手伝うのみで、自分に対してキャリアとしての能力を何も身につけてこず、家と仕事場の往復をするだけで、年をとってしまったことだった。私はCの悔やみを受け止めながらも、若さや学歴でカバーしてきた背後にある、Cの昔からの孤独感を解釈し、その水準でCとの触れ合いを保とうとした。

だが、Cの人への不信は、最初から私に対しても瀰漫的に転移されてきた。「先生のことも怖い。この椅子に仰向けになるのも、性行為のようなものをされている気分でいや。未熟児で足が開かないし、子宮も未熟だったので、刺激を受けると、卵巣がきりきりして痛む」と言って、寝椅子に横たわるのを拒否した。「無理やり仰向けにさせられるような感じがあって、私との間でも傷つけられやしないかと心配になるんでしょう」と解釈すると、Cは、学生時代の無理やりな性体験を想起した。私は仰向けになることに関して、Cの選択に任せた。

私への不安の延長上で、母親に対する不安にも多く言は費やされた。「母には誉めてもらったことがない。いつも母はぼろくそに言った。不器用、不細工、のろい、できないって。でもいまさら責めたって。この前も、あなたのように、少し言われただけで自信をなくしてしまう人のことはわからない、と言われた。」

Cはそうした幼少期からの不安の一方で、自らの能力や容姿に拠り所を求めていた。それが四〇代になって崩れたのだという。

「夫は少女っぽい人が好き。三〇歳になったらパタッとかわいいねと言わなくなった。同じ芸事を習っているおじさんがCさんの内面は少女のままと言った。自分でも少女願望はある。四〇歳の頃に子宮ガンがみつかった。自分の老いを実感させられた。」

〈あと知恵〉

Cにとって面接が、「無理やりな性交」の場であり、母親同様に「ぼろくそ」に言われ「自信をなくして」しまう場であり、夫同様に「かわいい」と言われなくなり、いずれ見捨てられる場であると、暗々裏に意識されているのは明らかだろう。

私は、そのような陰性転移に関して、上記のような理解をそのままのことばでは伝え返していない。この当時私が転移解釈として焦点を当てているのは、せいぜいCの孤独感やセラピストから傷つけられやしないかと心配になっている気持ちに対してである。私は、Cの孤独や心配な気持ちに寄り添う方を重視し、Cの不安の裏にある〝セラピストへの怒り〟などを、間違っても解釈はしない。

セラピストによっては、最初から患者の陰性感情部分に焦点を当てて解釈し、セラピストへの攻撃性として扱っていこうとする人もいるだろう。だが、私にはそれは〝正当〟なやり方だとは思えない。後に述べるように、私は陰性転移とは、陽性の関係性の基盤が醸成されて、はじめて扱いうる形で発展しうる、と考えている。その陽性の関係性が育つために、松木はクライエントの〝悲劇性〟を見据え、強靭な〝魂の受容体〟を準備した。私の選ぶ道は、次に述べる〝見えない連結の解釈〟である。それによって、「セラピストとの同一化」は次第に舞台の上に登場するようになり、セラピーという〝子育て〟の推進力ともなりうる。

〈面接経過2〉――〝見えない連結の解釈〟

Cの不安はその後も続き、「時々昔のいやなことを思い出して、一日三、四回ぎゃーと叫ぶ。そこに人がいたらものを投げつけていたと思う。包丁持ってるときにそういうのが起きるので怖い」など、なかなか容易には緩和しなかった。その中でCが不安夢として報告したのが次のものである。

夢：生徒が自分ならではのパフォーマンスを与えられて発表する。歌でも手品でも落語でも何をやってもいい。

自分で脚本を作って踊ってひとり芝居する人が多い。自分の出番が近づいてきて、できもしないのに脚本を一生懸命作っている。芝居や踊りは得意でないのに。

私は次のように解釈した。〈学校はここの面接場面のようですね。ちょうど話をすることが苦手な脚本を作ることと同じになっていますね。でも、夢は、今までの苦しかった人生の脚本ではなくて、この面接で自分自身の脚本を作り出そうとする気持ちも表している面もあるのかもしれません〉。

Cは、意表を突かれたというような顔をして小さく笑った。「しゃべるのは本当にいやなんでしょうね。私は感情表現が苦手だから。だから芸術関係には向いていない。この頃もう一度大学に入りなおしてもいいのかなという気持ちがしている。自分で自分の人生を作ってこなかった」と語った。

〈あと知恵〉

陰性転移が瀰漫的に広がる中で、患者の病理の背後にある〝悲劇性〟への眼差しやそれへの共感的解釈のみでは、病理が重いほどなかなか伝わらない。そこに〝悲劇〟はあっても、〝希望〟は見出されないように思われてしまう。面接空間は、晴れない雲に包まれたようになり、「苦しく悲しい」ことばかりの淀んだ空気に満たされる。その「苦しさに持ちこたえる」ことこそ、松木の言うように臨床家としての本筋だとしても、私は、そこにビオン言うところの「複眼の視点(1)」が要請される契機もあると考えている。すなわち、先にも述べたように、陰性転移ばかり〝目に付く〟関係性において、本来〝目に見えない〟ものとは、逆にスプリットされた〝陽性〟の関係性である。

ただし、陰性転移が盛んな最中に陽性の関係性を取り上げようとしたって、あたらでっち上げになりかねない。だが、私は、よほどの発達障害でもなければ、人は人と何らかの形で関わりを持ちたいという〝願い〟をどこかに秘めている、と臨床を通して学んできた。それは患者の連想のふとした瞬間に表れる。Cの夢は、文字通り採れば、「脚本を作れない」不安夢でしかない。だが、面接場面に擬した「脚本作り」の夢をわざわざCが報告して来た裏には、ただ単に面接への不安を私に伝えたかったばかりではないだろう。

私は、セラピストには、陰性転移の背後にある、〝関係性への願い〟を聴き取る〝耳〟も必要だと考えている。だからといって、次に示すようにセラピーがすぐにうまくいくわけではもちろんないが。

〈面接経過3〉――陰性転移の発展

二年目に入った頃、私の発言をきっかけにCの状態は増悪した。私がCの生き様に触れようとして「アウトサイダーになりきれなかった自分がいる」と伝えたことに対して、Cは激しく反応し、陰性転移を強めたのだった。すなわち、「先生に異端者といわれて、それが受け入れられなくて悪くなった」と。Cは、「昔馬鹿にされたことを思い出して、明け方にわめいている。刃物を持つと誰かを刺したくなる。自分自身に向かうのが怖い。人がいると怖くなって動悸がして」など語り、悪夢も見るようになった。

夢：洋裁の課題の提出をするために一日中ミシンを踏んでいた。針が襲ってくる。ソファや座布団や野菜とかいろんなものから針が出てきて、それが怖くて目が覚めた。

Cは、「音楽も聴けない。音が突き刺さってくる。自分の挫折感が自分をつついてくる。芸事の練習を始めると涙が出てきて凶暴になる。刃物を持って誰でもいいから突き刺したい」と語った。私は、自らの発言によってもたらされたCの窮地に、いささか責任を感じながらも、次のように解釈した。〈私の発言が過去の傷つきと重なり、私があなたを傷つける悪い人になってしまったようですね。あなたのこころは、私への不信と怒りで満たされているかもしれません。でも、夢は、面接の中で一日中ミシンを踏んで、人生を縫い直したい気持ちも表しているのかもしれません〉。Cはそれに応え、「母には熱を出しても、この子はなんて子なのと言われた。本当に馬鹿でのろまなんだからとか。私の中にも馬鹿でのろまと責める自分がいる」。

〈あと知恵〉

陰性転移ほど難しいものはない。それはとてもパラドキシカルな意味がそこに含まれているからだ。陰性転移が活性化するのは、確かに〝悪い対象関係の反復〟なのだが、角度を変えてみれば、クライエントの凍結した人生の脚本が、もう一度セラピーを舞台に溶解しだすほどに、セラピストへの信頼も〝投機〟されようとしている局面ともいえる。陰性転移を通して、クライエントはある意味、セラピストを相手にもう一度人生のやり直しを〝賭け〟ているのである。

Cで言えば、ここで私の発言を咎め、母親との悪い対象関係の形を私とのそれに重ね合わせてきた。それは確かに悪い対象関係の反復強迫なのだが、ただし、ここで起きているのは、単にそれだけのことではない。なぜなら、この悪い対象関係は、Cが私を〝咎める〟という能動性を発揮して、もたらされたものでもあるからだ。すなわち、もともとの母親との関係性では、A子は決して母親を〝咎める〟ことができなかった。

Cが私を咎める裏には、母親との未消化な〝脚本〟を、もう一度甦らせ、古い脚本を「ミシンを踏んで」縫い直そうとする、私への〝信頼〟も投げ込まれているのだ。

結局のところ、私には、陰性転移には二種類あるように思われる。ひとつはセラピストがクライエントの〝悲劇性〟よりも〝攻撃性〟の方に注意が向き、最初からクライエントの陰性感情部分を解釈し過ぎ、陽性の基盤が育たないままに発展する陰性転移だ。その場合は、単なる悪い対象関係の反復に陥りやすい。私からみれば、それはセラピスト側の〝失敗〟だろう。

もうひとつは、上に述べた信頼性が賭けられている陰性転移である。この種の陰性転移が活性化したときは正念場である。そこをやり損なうと、単なる〝反復強迫〟に終わるだけではなく、信頼性への〝願い〟が潰え、〝絶望〟が加わってしまう。松木はこの局面に対して、強靭な力業で乗り切る臨床家である。私は、セラピストとの〝連結〟が見失われないように、「人生脚本の縫い直し」という面接における補助線を借りて乗り切ろうとした。

なお、後者の陰性転移の活性化は、ある意味セラピーが順調に進展している証左でもある。なぜなら、陽性の基盤が醸成され、陰性転移登場の舞台が整えば、クライエントのスプリットされていた〝怒り〟は、セラピスト側のちょっとした〝過失〟などをきっかけにして、〝能動的に〟表現される糸口を摑んだりするからだ。したがって、私にはクライエントの潜伏する〝怒り〟を、治療初期から解釈して拾い上げようとするセラピーは、足場の弱いところに立派な柱を建てようとするような無茶な仕業に見える。そんなあてずっぽうのことをしなくても、セラピーが順調なら、後者の意味での陰性転移は、陽性の土壌を糧に、いずれ発展してくるものなのである。

〈面接経過4〉――コンテイナーへの同一化と〝哀しみの脚本〟

Cの私への不信や不安は、その後も陰に陽に引き続いた。私は、Cの不信の矛先になりながらも、「私の言い方があなたにはひどく腹立たしく聞こえるんですね」など、自己弁護や言い訳にならないように、努めてそのまま受け止めようとしていた。なぜなら、陰性転移は実感を持ってクライエントに体験されないと、真に〝生きて〟こないからだ。それを〝生き抜く〟補助線として、〝見えない連結の解釈〟も使用される意義を帯びる。

そのプロセスの中でCは、それまでの不安に彩られた連想とは違ったエピソードも想起するようになってきた。

「去年の今頃、ここに来る途中で、寒くなったのにちょうちょがたんぽぽにまとわりついていて、それが私に一〇〇メートルぐらいもずっとついてきた。しかも飛んでついてくるのではなくて、地面を歩くようについてきた。高校卒業してまもなく亡くなったDちゃんかと思った。実はDちゃんはEくんが好きだった。でも私が高校の時にEくんと付き合いだした。お見舞いに行ったときは、もう起き上がれない状態。どんなにつらい思いをして私とEくんが付き合っているのを見ていたんだろう。ちょうちょは人の生まれ変わりっていうから、Dちゃんが私に会いにきたように思えた。」

それに引き続く連想で、Cは「昔は、共感という部分は本当になかった。自分には若さも自信もあったから能力主義だった。男の子を振ってその子が何日も泣いていたと上司から聞いても、なんとも思わなかった」とかつての自分を悲しそうに振り返った。

その後もCの連想は、〝哀しみの脚本〟の色合いを次第に濃くしていった。すなわち、羽振りのよかった社長の末期癌による最後の旅行の話、夫の挫折やそれへのいたわりの話などである。

〈あと知恵〉

Cの連想は、セラピストへの抗議や怒りから、次第に哀しみの色を濃くしていった。言うまでもなく、死んでいったDちゃん、振られて何日も泣いていた男の子、最後に旅行に行った末期癌の社長は、Cのこころの中で弔われずに死んだままになっていた自己部分でもある。Cは、それらの人たちに自分の姿を投影し、重ね見ているのである。ここに至ってCは、迫害対象に転移的に怒りを投げつけることから、迫害対象によって〝瀕死になっていた〟自己部分にようやく目を向けるようになり、その自己をいたわれるようにもなっているのである。

この展開には、コンテイナーとしてのセラピストの取り入れや同一化も背後で働き出したことが窺い知れるだろう。

〈面接経過5〉——セラピストへの同一化とその乗り越え

三年目を迎える頃になると、Cは芸事においても新たな展開に乗り出した。すなわち、誘われるままに新たなグループにも所属するようになったのだ。Cは、「昔から優を取ることばかり励んできてけど、一から協同作業でやっていくのもいいいなと思った。自分を責めることは少なくなってきた」と語った。

私との関係では、以前のような迫害対象への怒りという転移的ニュアンスとは違って、きちんとことばで反論したりする色合いを増していった。たとえば、私が母親との関係を取り上げた時など、「そういう単純なことばではない」と私の言い方が雑だといって批判した。Cは、ある面私に同一化しながらも、自らの感触で自らの拠り所となる自己像を手に入れていこうとしているように思われた。

「ガウディの建築のようにこれから何百年も建ててもまだ終わらないというような、石をひとつずつ刻み込んで、陰影や色合いにこだわった細かいニュアンスの仕事が好き。今は高層建築の時代。短時間でお金をかければ立派なものができる。私にはそういうものは合わない。」〈私のことば遣いもガウディに比べると大雑把に思えるようになってきて、もっと細かいニュアンスで表現できるような繊細な感触が欲しくなってきている。〉「それはある。でも私にも細かい部分は表現できないから、だから黙っちゃう。法隆寺の建造物、インドで見た何百年かかったヒンズー教の建造物など、人のこころが伝わるものへの感動。ベルサイユ宮殿のような見栄っ張りなものは嫌い。」

さらに、Cは芸事の中でも自らのポジションを見出そうとしていた。

「私は花形にはなれなかったけど、サポートする人にはなれるかもしれない。監督、コーチとしていろいろ助言する側。野球でも長島さんは選手としては一流だったけど、監督としてはどうだったかみたいに。私はコーチには向いているかもしれない。」

〈あと知恵〉

人が自らの個性やアイデンティティを形成していくプロセスにおいては、ビオン言うところの「当てる対象」[2]が必要なのだろう。すなわち、Cは「人のこころが伝わるもの」と言うように、私に同一化していきながらも、もう一方では、私のことば遣いが〝雑〟だと言って、私を的にして、自らの自己感を確認しようとしているのである。このあたりのやり取りを経験していると、セラピーとは、本来子育てに似るという憾を強くする。陰性転移がワーク・スルーされるにつれ、クライエントの本来の成長や希望への力は息を吹き返し、クライエントは〝親〟であるセラピストに同一化しながらも、批判的に〝親〟を検討し、自らのアイデンティティや自己感を確かめながら、次第に〝親離れ〟していくものなのだろう。

Cは、結局のところ「サポートする人」というセラピストと同じ土俵を志しながらも、ガウディのようにもっと「細かいニュアンスの仕事」のできる、〝親〟以上の人間を目指そうとしているのである。

別れは近い。

〈面接経過6〉——終結

Cは、アイデンティティの足元が確かなものになるにつれ、次第に感情表現も率直になっていった。それは、共感にしろ、嫉妬にしろ、怒りにしろ、ポジティブな感情もネガティブなそれも含めて表現された。

「グループの若い女の子を見ていると、これから実力をつけていくんだなと思って腹が立ってしまう。嫉妬ですね」と自らのこころの動きに言及した。Cが、他者に対して、自ら攻撃的感情を表明するとは、私には驚きの発言であった。Cは、「以前はそんなこと、こころの中で思うことさえいけないと思っていた」と振り返った。

さらに、ある時私がCの芸事の力をセミプロと形容したことに対して、その雑なことばの使用がA子の感性に合わなかったのか、Cは「違う」と言って、手に持っていたハンカチを床に投げつけた。私が思わず驚いて、〈違う?〉と聞き返すと、「親からも言われたことに対して違うと言ったことがなかった。だから、ごめんなさい」とCは詫びた。私は、もはやCが以前ほどネガティブな気持ちを恐れなくなってきていることを伝えた。

Cは「だいぶ元気になってきたような気がする」と語り、芸事にも積極的になり、行動の範囲は確実に広がっていった。実際にも公演があるからと言って、面接を休む機会も増えていった。そして、終結の話題がCから切り出された。

「近所に住んでいる夫のおじさんとおばさんのところに救急車が。すぐにおじさんのところに行こうといったら、夫はちょっと待ってといって風呂に入ってひげまでそりだした。夫は情けないやつだなと思った。芸事でもみんな衰えていくもんだと思った。昔花形でやっていたおじさんが、本番前に最近タバコと酒ばかりで体力が衰えてきたから、自分の代わりをやってくれないかといってきた。みんな衰えていくんだなというのはわかってきた。みんな一生懸命やっているなとか、ここのところがんばってみんなで作り上げたなとか。へたくそだけどいとおしくなる感じ。私だけが純粋さを求めていたわけじゃないんだなと思った。」

Cは、芸事の仲間との間で、衰えや弱さの向こう側に純粋さで繋がれる絆を見出したようだった。それは夫に対しても同じだった。「夫と弱いものだめなもの同士やっていく、そこが基本になると思う」がCの最終回での宣言であった。

終結に関しては、「芸事の練習のほうを優先したい。もう話すことはなくなった」と述べられた。ある意味私が捨てられるような形で終わった。しかも、芸事の公演には、私にチケットを送るからと付け加えられた。別れは、直接的には哀悼されず、しかも、未来に向けて引き伸ばされようとした。

思春期の少女が、自分の世界を見つけ、親元から離れていくような別れ方だった。

〈あと知恵〉

Cのセラピーはこうして終わった。別れに際してのモーニング・ワークの不十分さなど、未熟さの誹りは免れないかもしれない。だが、私の臨床に取り組む姿勢は憚りながら示せたのではないか。

Cとの面接プロセスを簡潔に要約すれば、まずは、陰性転移の〝闇〟の奥に潜む「人生脚本の縫い直し」という〝見えない連結〟が、セラピーの始まりにおいて見出された。それは、陰性転移が強く支配する関係性の中で、〝陽性〟の足場作りとして機能したといえよう。その後、Cは「人のこころが伝わるもの」というセラピストへの同一化に近づき、さらにそれを乗り越え、ガウディのような繊細な感触を理解できる「サポートする人」を自らの〝持ち味〟として摑もうとしていった。

このように「見えない連結」を見失わない視点は、陰性転移の「苦しく悲しいこと」一色に覆われたような灰色の雲の中で、一条の光の存在を忘れないことだと喩えられよう。換言すれば、その視点は、〝潜伏性陽性転移〟の存在を〝関係性への願い〟として、看取しようとする姿勢ともいえる。

ところで、あまり知られていないようだが、陰性転移解釈の雄であるメラニー・クラインは、「同一視について」(4)の中で陽性の投影同一化の着想を豊かに示している。その中で、不幸な境遇から世の中への怨みしかないように見える小説の主人公が、夜空の美しい星を見つめたい気持ちに駆られることに対して、クラインは次のような理解を示している。「星を見つめる意図は、失われたり、遠いものになってしまった彼の良い対象を再獲得する試み」である、と。すなわち、クラインは、「苦しく、悲しいこと」ばかりで覆われた主人公のこころの中に、「内的愛情対象と自己の良い部分を空と星に投影」するような、〝美しい連結〟が見出せる、というのである。

〝見えない連結の解釈〟は、クラインのその着想に〝連結〟している。クラインは、人のこころのダークサイドばかり見ていたわけではないのだろう。悲劇性の彼方に、よいものへの〝願い〟を込めていた人でもあるのかもしれない。私はクラインのそのような知られざる側面に共感を覚える。

松木臨床は暗い闇を怖れず、強力な〝魂の受容体〟を拠り所に、〝闇〟を突破しようとする。私は暗い闇の向こう側に〝関係性〟や〝同一化〟の願いを聴き取り、闇に一条の光を持ち込もうとする。結局のところ、私たちが、私たち自身の臨床をどのように実践するのかは、私たちが私たち自身の〝悲劇性〟をどのような次元で歩むのかという、私たち自身に向けられた問いとして深く受け止めることができるのだろう。

本小論が、とりわけ若い読者に自らの〝悲劇性〟と向き合い、それを通して自らの魂の声音を聞き取るきっかけになれば幸いである。そこから、あなたの臨床に向かう生来の芽が育っていくことだろう。

四　おわりに

編者の細澤仁から〝松木対決本〟を作りたいということで、声をかけていただいた。細澤には私のことが〝かなりの自由人〟に見えたようで、それなら、師である松木にも自由にものを言ってくれるとの目算があったとのことだ。細澤の厚意はありがたく頂戴し、確かにかなり言いたいことを言わせてもらった憾はある。

ただし、私が松木に自由にものを言えるとしたら、それは松木にそれだけの器があることを示しているに過ぎない。やはり松木邦裕は、いつまでも私にとって〝親〟の座から退くことはないのかもしれない。

なお、私自身本稿を通じて、自らの臨床の形を深く認識する機会を得た。その機会を与えていただいた編者の細澤仁には、あらためて真に感謝したい。

文献

（1）Bion, W.R.：Learning from Experience. 1962. 福本修訳：経験から学ぶこと（精神分析の方法Ⅰ）　法政大学出版局　一九九九。
（2）Bion, W.R.：Clinical Seminars and Other Works. 1994. 祖父江典人訳：ビオンとの対話――そして、最後の四つの論文　金剛出版　一九九八。
（3）Freud, S.：The Psychotherapy of Hysteria. S.E. 2, 1895.
（4）Klein, M.：On identification. 1955. 小此木啓吾・岩崎徹也訳：同一視について（メラニー・クライン著作集5）　誠信書房　一九九六。
（5）松木邦裕：共感と解釈　分析空間での出会い――逆転移から転移へ　人文書院　一九九八。
（6）松木邦裕：悲しみをこころに置いておけないこと――抑うつ状態についての覚書　松木邦裕編著：抑うつの精神分析的アプローチ――病理の理解と心理療法による援助の実際　金剛出版　二〇〇七。
（7）松木邦裕：分析実践の進展――精神分析臨床論考集　創元社　二〇一〇。
（8）松木邦裕：精神分析臨床家の流儀　金剛出版　二〇一〇。
（9）祖父江典人：ビオンと不在の乳房――情動的にビオンを読み解く　誠信書房　二〇一〇。

対決二　終結をめぐって

不在の論文「ひとつの終わり——終結をめぐる論考」については、創元社『分析実践の進展』を参照のこと。

分析臨床の終わり、分析的思考のはじまり
――「ひとつの終わり――終結をめぐる論考」をめぐって

上田　勝久

一　はじめに

本稿は分析臨床の終結をめぐる論考である。ここに記されていることはすべて、松木氏の論文、「ひとつの終わり――終結をめぐる論考」(15)を通じて生成された私のもの想いや思考を形にしたものである。

松木氏の著作を読むときに私がいつも感じるのは、それが単に知識を提供し、臨床的有用性をもつにとどまらないということである。氏の著作はそこに記された臨床素材や理論を俯瞰し、自身の臨床活動につかえそうなアイデアを適宜もちだしてくる、という読み方ではすまされない、何かとても他人事にはしておけない力をそなえている。それを手に取るたびに、たえず「私はどうなのか」を問われる感じがするのである。

「ひとつの終わり」論文は、私にとってとりわけそのようなテクストである。ここには一二年にわたる分析の中で生起された行き詰まりに際して、治療者が期限設定を導入した臨床素材が記されている。そして、フロイト、クライ

ンが提唱した分析の終結基準を軸に考えが練られ、終結の意味とそのプロセスとが克明にえがきだされている。

これはひとりの患者とひとりの治療者の苦闘の記録である。あるいは先達の理論と格闘するひとりの分析家の思考の軌跡である。その記述はあまりに生々しく、パーソナルである。行き詰まりに対する治療者の窮状、リミットを取り決めた治療者と患者の懊悩が、読者の眼前にせりだしてくるかのようなテクストである。

分析臨床の終結をこれほどに正面切って論じたものは、少なくともわが国ではほとんどみかけることはない。分析の開始やアセスメント、治療途上で生じる行き詰まりや転機、そこに渦巻く転移関係の諸相についてはさまざまに論じられている。だが、終結に関しては乏しい。それがなぜかを考えたときに、ひとつはユーザー側の事情が考えられるだろう。現に日々の臨床活動に苦心するユーザーにとっては、治療をどのように開始し、そこで巻き起こる事態とどう向き合うかに関心がよせられるのはごく自然なニーズである。また、終結があくまである営みの結果にすぎないとすれば、そこまでのプロセスに力点がおかれるのもやむなきことだろう。

しかし、ここにはさらに異なる事情がひそんでいるように私には思える。

分析臨床の終結が症状の消失や心的な問題の日常生活レベルでの解消とイコールでないことは、分析的なオリエンテーションをもつ臨床家ならば誰もが知るところだろう。なぜなら、患者の問題は転移神経症という形で治療関係や治療状況にもちこまれ、分析の主眼はそのワークにこそおかれているからである。私たちの仕事は転移という濃密な対人的事態を通じて患者の問題に取り組むことにある。この営みにおいて、事は常に治療者 - 患者という一組のカップルを軸に展開されていく。

フェラロらがいうように、こうした形の臨床では、終結の判断もまた必然的にこのカップルにゆだねられることになるのだろう(6)。そのような事態にいわゆる客観的指標や外的な基準を全面的に参照することはできない。分析状況にいるのは治療者と患者のふたりのみであり、「客観性」という考えがすべりこむ余地はほとんどないからである。そこにあるのはふたつの「主観」の交錯である。

私たちが分析臨床の終結について考えたり、語ろうとしたりするときに、私たち自身の主観的な体験、その臨床家自身のパーソナルな考え、志向、人間観、人生観と隔てられた形でそのことを語るのはおそらく不可能である。たしかにフロイトやクラインは終結の指標らしきものを残してはいる。しかし、たとえば「抑圧されたものの意識化」「抑うつポジションのワークスルー」「現実原則を生きること」などのフレーズであらわされる人間のありかたが具体的にいかなるものかを想定するとき、その臨床家個人の人間観を抜きにそれを考えるのはやはり困難であろう。ことば上では他との一致をみたとしても、体験的には私たちは私たちなりの「抑うつポジションのワークスルー」しか知りえない。

無論、分析の開始や中途過程について語る際にも、治療者の私的なありかたは同様に反映されている。ただ、メニンガー(17)が終結に関して「(治療者の)逆転移現象がこれほど障害になり、これほどひどい危険になる場合はない」とのべたように、終結を語ろうとするとき、この傾向はより抜きさしならないものとなるように私には思える。終結を語ることは、その治療者自身を語ることと直結している。このことは終結の定式化を困難にし、そのことの語りにくさをいっそう際立たせているのではなかろうか。終結はその性質上「語りがたい」ひとつの事態なのである。

おそらくは松木氏がそうしたように、治療者の個人的な心情、考え、人間観を俎上にのせるという形でしか終結の本当のところは語りえない。実際の終結場面においても、たとえそれが直接的ではないにせよ、私たちが自身のパーソナルな側面を場に差しだすことは避けえないように私は思う。氏がこのテクストによってこのことを後進に示しているとするならば、そうしたテクストと対峙しようとする私もまた、自身の主体的な思考をここに呈示してくる必要があるだろう。

以下の論考は、こうした考えを背景にして練りあげた私なりのひとつの視座である。

二　終結の基準をめぐって

これから分析の終結について考える上で、さしあたって三つの論点をあげてみようと思う。それは「どうなれば終わるのか」「終わることの意義とは何か」「終わりとは何か」の三点である。

特に最初の問い、「どうなれば終わるのか」という問いは、臨床をはじめた当初から私を悩ませつづける問題であった。たしかに主訴の解消を終結の目安とすれば、この問いは何ら問題にはならない。しかし当時から、つまりは転移神経症という概念を知る以前から、主訴の解消がそのまま終結に結びつくようには到底思えなかった。私が経験してきた心理療法は、最初にもちこまれた主訴をはるかに越えて展開していくことが常だったからである。いまではそのことはある種の必然のように感じられている。もし、主訴の解消を終結の目安とするならば、「あくまで心理療法を主訴の解消のためだけに使用する」という形で、心理療法の自生的な展開に相当の制限をかけ、プロセスの進展を何らかの手段で操作するしかないというのが私の感覚である。こうした方法がもはや分析臨床の枠組みを放棄していることは明らかである。精神分析的な心理療法を行おうとする限り、私たちは当初の主訴を越えて進んでいくしかない。その行く末がはたしていかなるものであるのかは、かなりの難題といえるだろう。

精神分析においても、その行く末、つまりは終結のための基準やこの営みの目標らしきものはさまざまに提起されている。その一例として、フロイトの「抑圧されたものの意識化」「内的抵抗の除去」(9)、クラインの「迫害不安と抑うつ不安の軽減」「喪の作業の進展[14]」、バリントの「新規蒔き直しから、成熟した性器愛への移行[1]」、ウィニコットの「遊べること[22]」などの言説をあげることができるだろう。これらの状態の達成により終結に至るということならば、この議論はとてもクリアなものとなる。しかし、おそらく事はそう単純ではない。こと精神分析という営みに関しては、「ある基準を達成したゆえに終結する」という考えは、さまざまな齟齬の感覚を生みだすように私には思えるからである。

その理由のひとつとして、たとえば精神分析における終結基準のとらまえがたさをあげることができるだろう。ここでいう基準が、ある状況における、ある行動回数の増減にみたてられたならば、その基準は達成基準としての役割を十分に果たしうるといえる。そうした基準は測量可能であり、ある状態に達したかどうかが一目でわかるからである。しかし、精神分析における終結基準はそのような明瞭さをもちあわせてはいない。それはもっと曖昧で、多義的で、紛れをもつ言説で成り立っている。そのために私たちは、やはりどうしてもこれらの基準の内容を私的な水準でしか受けとれない。バリントのいう「成熟した性器愛」と、私が思う「成熟した性器愛」と、同僚が思う「成熟した性器愛」には、微妙な、場合によっては相当なずれや食い違いが生じているはずである。それは訓練課程の差異や訓練の程度によっても異なってくるだろう。これではある達成を測る基準としてはあまりにも恣意的にすぎるきらいがある。

また、「ある基準を達成したゆえに終結する」という考えにより、私たちはさらに根本的な問いにつきあたる。それは、その達成がなされたという「判断の是非」を誰が決めうるのかという問いである。その「判断」を誰が担うのかについてはさまざまに論じられている。フロイトの場合、それは「分析医の判断」におかれている[9]。あるいはメニンガーがいうような「最大限の効果が得られる時点が近づいたと感じると、患者の方が同じような意見を言い出すのを待ちはじめ、もしそのような発言があったら、それに同意するようにする」[17]という考えもあることだろう。しかし、ある基準が達成されたという「判断」を誰が担うかは論じることができても、その「判断の是非」を誰が決めうるのかは容易には答えがたい問いである。その判断が治療者と患者いずれかの、もしくは双方の病理的心性や共謀にもとづくものではないという「判断の是非」を、はたして誰が保障できるのだろうか。患者と治療者の両当事者は、終結の判断において「必然的に盲点をつくりだす[17]」というメニンガーの知見を参照するならば、この問いはますますいかんともしがたいものとなる。

さらに考えてみると、これらの基準に記されていることは、何らかの到達地点や達成状態の記述とは微妙な食い違いをみせていることに気づく。「抑圧されたものの意識化」にしても、「迫害不安と抑うつ不安のワークスルー」にしても、「遊べること」にしても、ここに示されていることは、ある到達地点の記述というよりも、人間が何らかのこころの状態を生みだすためのひとつの「手段」である。このことはボラスが自由連想という「方法」を精神分析の唯一無二の「目標」ととらえたこととも軌を一にしている。[3]おそらく精神分析という営みは、ある目的地にたどりつくためのものでも、何かを具体的に得るためのものでもないのだろう。それは何らかの目的地にたどりつくための「手段」や、何かを得るための「方法」を知る営みなのだといえるのかもしれない。

しかし、こうした「手段」や「方法」の習熟をそのまま終結の判断基準にすえることはできない。なぜなら、「抑圧されたものの意識化」、「不安のワークスルー」などの心的な活動は、たとえば「歩行器を活用していた乳児が、ある時期を境に自力歩行できるようになった」という場合のように、何か明確な達成ラインがあるわけでもなく、また、その状態が達成されれば、以降もほぼ確実にその状態が維持される類のものでもないからである。「抑圧されたものの意識化」や「不安のワークスルー」は分析プロセスの初期や中期にもある程度は行なわれているし、逆に、この営みを長期にわたり継続してきたとしても、「抑圧されたものの意識化」という方法を十分につかいこなせるとは限らない。どれだけ分析に取り組んできたとしても、どれだけ分析的なワークをしつづけたとしても、相変わらず私たちは何かを抑圧し、否認し、隔離する。あるいはときにパラノイックになり、迫害感情を強めたりしながら、相変わらず右往左往しつつ生きている。それが実際のところではないかと私には感じられる。

精神分析における終結基準が何らかの達成を測る基準としての客観性、測定機能をもちあわせていないとすれば、その意義はいったいどこにあるのだろうか。

ある分析的な営みに終結の兆しがみえたとき、たしかにこうした先達の終結基準は私たちの脳裏をよぎっている。そのとき私たちは、彼らの基準をある種の公共的なことばとして、あるいは超自我的な審級として経験し、自分たちの営みがその基準を満たしているか否かを問うだろう。しかし、彼らの基準を終結のためのチェックリストとして使用すれば、私たちはたちどころに思考の袋小路に陥ってしまう。思うに、彼らの基準はそのようなチェックリスト的に用いるものではなく、私たちが「終結という事態をより分析的に思考していく」ために存在するものなのではなかろうか。

考えてみれば、そもそも私たちは終結基準に記された内容を何も終結に限って使用しているわけではないことに気づく。それぞれの内容はそれぞれの先達の「精神分析とは何を成そうとする営みなのか」ということの簡潔な表明であり、無意識の意識化、不安のワークスルー、喪の作業の進展などの事柄は、あたかも自明のこととして私たちに内在する基本定理となっている。たとえばすでにアセスメントの段階で、私たちはこれらの定理を少なからず意識しながら患者に対する分析臨床の供給可能性を判断しているし、治療途上においても、私たちは幾度もこの定理に立ち戻り、いま何が起こっているかを考え、何を成すべきかを思い起こしているはずである。ここに記された言説は、患者があるこころの状態を生みだすための手段であると同時に，治療者にとっても事を分析的に思考するための手づるとなっている。終局においても，彼らの基準を媒介とすることで私たちが「自分たちの分析臨床の意味」を考えることにこそ，これらの基準の存在意義が形をとるように私には思える。

精神分析は自身のこころで，自身の人間的な何かを創造するために，自身を活用しようとするひとつの試みである。そうした自分をたえず更新し，創造しようとする営みに対して，「想定された到達地点」や「ある状態の達成」という静止的な観念はやはりそぐわない。精神分析にはこのような意味での明確な目標など何もないのかもしれない。あるいは何か一般解となるような目標を想定することなどできないのかもしれない。すると，この営みをどの時点で終えるのかは，その患者とその治療者のパーソナルな人生の選択としかいいようがないのかもしれない。あるいは治療者と患者双方の何らかの直観によるとしか解答しえないのかもしれない。

だが，次のようなことはいえるのかもしれない。藤山は訓練分析の目的を，私たちがよいセラピストになるためでも，もって生まれた資質以上の達成を得るためでもなく，ただ精神分析的なセラピストに〝なる〟ためのものだとのべた[10]。同様に，患者に対する分析臨床の供給に何か目的があるとすれば，それは彼らが分析的な営みを生きるように〝なる〟ということそのものなのかもしれない。このことは何も治療内に限ってのことではない。患者の生活や人生に精神分析というひとつの文化を取りこんでいくこと，あるいは精神分析によって患者の生活や人生が構成されていくということ，そうした契機の提供をひとつの目的としてかかげることはおそらく可能だろう。

先にものべたように，私たちが分析的な生活や人生を送ったところで，やはり私たちは相変わらず不安になったり，防衛したり，行き詰まったりすることだろう。ただひとつだけたしかなことは，その人が分析臨床をはじめたならば，そうした不安や行き詰まりは「分析的な不安」や「分析的な行き詰まり」におきかえられるということである。かつてはただ訳もわからず体験するしかなかった不安や行き詰まりは、分析的な素材へと変形される。それは分析的な視座の獲得を意味している。そのことは、たしかに以前よりは自身の人生を主体的に生きていくことを可能にするだろう。

しかし、その結果として、患者が人生に希望をみいだしたり、豊かさを感じたり、ある理想的な状態に達することができるかどうかはわからない。もしそうなれば、とても幸福なことである。ただそれは私たちの意図や目論見によって達成されるものではなく、ある種の願いや祈りのようなものにすぎない。そこで何が起こるのかも、どうなれば終わるのかも、何が成し遂げられるのかも私たちにはわからない。わからないままに、とにかくそうした道を、もしくは「未知」を手探りで歩んでいくしかない。これが分析臨床に対するいまのところの私の実感である。

三　終結の意義について

次に分析臨床を終えることの意義について考えてみよう。先に私は「終結の選択は治療者と患者の直観による」とのべたが、この項はそうした「直観」の背景にある事柄について考えようとしたものである。

くりかえすが、分析臨床はたえず自分を更新し、創造しようとするひとつの試みであると私は考えている。その考えは「分析的探索それ自体に終わりはない」という考えにもとづいている。そのことは、たとえば「転移・逆転移関係に終わりはない」とするロートシュタインの指摘[20]や、そもそも精神分析が無意識の探求をその方策としつつも、その無意識自体に限りがないという想定自体にもあらわされている。

それでもこの営みがいつか終えられるのは、終わることにさまざまな意義がみいだされているからであろう。たとえばその意義として、心理的離乳(16)や脱錯覚過程(21)ということばが示すように、患者が協同探索者としての治療者との分離を受けいれ、自身のこころやその生を自分で抱えて生きていくことに一定の価値をおく知見があげられる。私はこれらの知見を支持した上で、さらに本来終わりなき性質をもつこの営みを終え、そこに区切りをつけるということ、それ自体の意義をこれから検討してみようと思う。

メルツァーは、分析プロセスは「転移の自然史」に沿って展開するとし、分析的設定と治療者の分析的な姿勢がその自然史を進展させるとのべた(16)。彼の研究により、私たちはある意味では分析臨床という迷宮の地図を手にしたのかもしれない。ただ彼が再三にわたり忠告することは、その地図は実践には使用できないということである。この逆説が意味することは、おそらくは治療者が患者のこころのある素材を意図的にひきだしたり、そのプロセスを操作したりすることの不可能性であろう。分析プロセスはあくまで自生的なものである。私たちは自分たちの意図や目論見によって出来事を動かすことはできず、むしろ出来事に「動かされる」という形でこの仕事に取り組んでいるといえる。

しかし、終結プロセスだけは明らかに事を異にしている。というのも、実際に終結を取り決め、終結期を導入し、これまで連綿とつづけられてきた営みをいわゆる期限設定療法へと変形することは、明瞭にプロセスへの操作的関与であると考えられるからである。もちろんゴールドバーグらがいうように、あえて終結日を設定しない終わり方もあるにはあるだろう(11)。しかし、私自身は終結の導入によってプロセスに関与するということ、そのことのもつ意味こそが本質的に重要であると感じている。

細澤は、ある達成基準を満たしたゆえに終結がなされるのではなく、終結を通じてワークしうる素材があらわれたゆえに終結が選択されるのだと主張した。そして「治療は延々とつづけられる」という患者の無意識的思考を軸にした行き詰まりに対し、終結の導入を選択した素材を呈示している(12)。フロイトのウルフマン症例(9)や今回の松木氏の臨床素材においても、同様の行き詰まりのワークを目的にこの手法が採用されている。ここにあるのは、ひとつの技法としての終結の選択である。

こうした考えや臨床素材がはたして特殊なものなのかを考えたときに、私自身はあまりそうは感じない。治療の行き詰まりに対して終結を導入するという判断は、かなり普遍的な技法のように私には思える。たとえ患者の心的な問題が緩和され、治療者とふたりでワークしうる素材が「さしあたりみあたらなく」なった末に終結が選択されたとしても、分析的な素材が本来永続的に生起されるとするならば、「さしあたりみあたらなく」なるという事態もまた、ひとつの行き詰まりとしてとらえることができるからである。このような言明は行き詰まりという事象の拡大解釈なのかもしれない。しかし、どれだけ良好なプロセスを踏んだ末の終結だとしても、そこに偽りの調和やみせかけの飽和が横たわる可能性を完璧にぬぐいさることは困難であろう。分析は必然的に「分析的探索のはてしなさと不完全さをひきずったまま[6]」に終了されるのである。

それでは、この「行き詰まり」とは何だろうか。それはたしかにそれぞれの患者によって異なる意味を有するものである。ただ一方で、上述した臨床家たちが共通した技法を選択し、そこに一定の意義をみているということは、その「行き詰まり」には何か共通した要素がふくまれているとも考えられるはずである。分析の終結が患者の生を実りあるものとし、彼らのこころを進展させるという判断によるとしても、あるいは分析の継続自体が患者の病理にくみこまれ、その行き詰まりのワークを目的に終結が選択されたのだとしても、いずれにせよここでターゲットになっているのは、分析的な営みがもつ継続性、持続性、連続性の感覚である。分析における時間感覚や時間的作用がここで問われている。この時間性こそ、こうした「行き詰まり」を考える上での重要な鍵となるように思われる。では、精神分析はこの「時間」という概念をどのようにとらえてきたのだろうか。

フロイトは一次過程思考の特性として時間感覚の喪失をあげた[7]。時制にもとづいて体験を組織しえないこころでは、過去の出来事、体験、対象関係は、まさにいまあることとして経験される。それは多くのパーソナリティ障害の患者や精神病的な患者にみられるこころの様式であろう。彼らのこころでは、過去、現在、未来はリニアな配置を確たるものとせず、渾然としたまま漂っている。

この理解にさらに明確な形をあたえたのが、オグデンの議論である[18]。彼は妄想‐分裂ポジションと抑うつポジションを比較検討する上で、自身の生に歴史性を付与しうるかどうかに着目した。妄想‐分裂ポジションが優勢となっているこころでは、過去は常に書きかえられ、不断に変化していく。過去の体験は容易に改竄され、喪失は取り戻され、破壊したものはたやすく再建される。こうしたこころにおいては、悲しみや苦痛をおいておくこころのスペースはない。それらは万能的に否認され、結果として喪の作業や対象を思いやることから人を隔てることになる。一方、抑うつポジションにおいては過去は書きかえ不能なひとつの事実としてそこにある。そのモードで機能するこころは、過去はもはや過去であり、歴史であり、その意味づけを改訂することはできても、そこにふたたび息づくことはできないという認識に裏打ちされている。そして、現在が過去の蓄積の結果であり、現在が未来の礎となることを知っている。オグデンがいうように、こうしたこころのありかたこそが、人が自身の情緒、思考、行為に一定の責任を負い、自身の人生をよりパーソナルに、より人間的にしていくことを可能にするのだろう。自身の歴史性の認識は時間がリニアであるという認識と連なっており[4]、人が自己の同一性を時間的推移を経て保存することに寄与している[5]。フッサールがのべたように、時間感覚の獲得や時制の認識は、人が自身を内省し、主体的なこころを成立させていくことの前提となっているようである[13]。

一方、時間がリニアであることを認識しえないこころの代表格が反復的（Wiederholung）なこころであろう。そこでは時間はたえず循環的である。過去の状況や対象関係はときに役割と立ち位置を違えつつも、くりかえし現在という舞台で上演される。ビオンが揶揄したように、そうしたこころは「『不思議の国のアリス』のマッドハッターのように、いつも四時に生きつづけ、いつまでも終わらぬお茶会を開催しつづけている」[2]ようなものである。このような状況下では、人は自分がどのように生きてきたのかを、生きているのかを、生きていこうとするのかを、考えることも理解することもできない。また、出来事や体験は自身のありかたの結果ではなく、自身のあずかり知らぬところで生起された「どうしようもない何か」にすぎない。因果的な時間配列の感覚が欠落しているからである。

こうして考えると、反復を解釈するという行為は、「いままさに反復していること」を「反復されていたこと」を思考するこころ」へとシフトさせ、体験を過去化するという意味で、こころの「時間化（Zeitigung）」[13]を促進する一技法であるといえるのかもしれない。このことは、反復という循環的な時間に解釈というひとつの切れ目、区切りをいれることで、円環を直線に〔リニアなものに〕変えるという図式モデルからとらえることもできるだろう。私たちが、転移や再演や反復などの「現在にもちこまれた過去」を解釈するとき、この「時間化」がたえず作用しているように思われる。こうした時間感覚の付与こそが、私たちの主体的なこころの成立に寄与することは先にもふれたとおりである。

私の考えでは、終結の導入はこのような反復への解釈と同等の意義をもつ介入である。それは反復される分析的な営みに時間の区切りをいれ、主体的なこころの構築を目指すひとつの試みである。思うに、分析臨床はそもそもに反復的な性状をその内にふくみこむ営みではなかろうか。分析的な探索に終わりがないとすれば、私たちはすでに最初から、自分たちの臨界枠を超えた「どうしようもない何か」に身を投じているといえる。そして、同じ時間に、同じ場所で、連想と解釈という同じような様式の中で、この「どうしようもない何か」に取り組みつづけることは、きわめて反復的な営為であるように私には思える。

先にあげた「治療は延々とつづけられる」という患者の無意識的思考は、たしかに患者の万能感や関係の病理から湧出された思考なのだろう。しかし、彼らの病理がそうした形をとったのは、この営みがそもそもに永続的で、反復的で、循環的な性状をあらかじめその内部に保存しているからではなかろうか。そのような性状が病理の表出経路として用いられたからこそ、その行き詰まりは「分析臨床を終える」ことでしかワークしえなかったのではなかろうか。そして、この反復的な性状がひとつの「行き詰まり」として形をもちはじめるそのときこそ、その営みに終結の可能性が兆しはじめるまさにそのときなのではなかろうか。

ここまでのところで、私は「反復」という〔反復強迫（Wiederholungszwang）に通ずるような〕病理的なタームを用いてきたが、一方で私は、とても逆説的なのだが、こうした反復的な性状こそが分析の推進に不可欠な作用をもたらすようにも感じている。その作用とは私たちの「あずかり知らぬところ」で、この営みの継続性や連続性をつくりだす効果を指している。

この作用をもっとも色濃く感じるのは、一度分析的な治療が開始されれば、継続することがあたかも自明のことのように「また次回」といって毎回のセッションを終える、そうした日々の営為をあらためて思い起こすときである。この継続することの自明性は、私の場合、分析的な臨床を行なっているときに特に強く感じることである。その他のアプローチを採用しているときの方が、「私との治療がいつ終わってもよいようにする」「私との治療をなるべく継続してもらう方向で介入する」といった具合に、治療の継続性や連続性をより意識して事に取り掛かっているような気がする。患者と治療者の双方がこの継続することの自明性にそれとは気づかぬままに一定期間身を浸す、このようなあり方がとても重要であるように私には感じられる。それは「いつ果てるともない濃密な関係」という錯覚をつくりだし、ウィニコットのいう「環境としての母親に抱えられた乳児(21)」の状況と類似した、人がパーソナルに生きていくための土壌をこしらえているように思えるからである。裏をかえせば、分析的な営みの中でこの継続性が意識されるときとは、この営みが危機に瀕しているか、もしくは事態が重要な転換点にさしかかっていることの証だろう。

私の理解では、終結の導入は分析的な営みが包含するこうした反復的な性状への関与である。それはあまりにも自明のこととして、私たちの営みの継続性を推進していた作用への関与である。その意義がこころの「時間化」と主体性の成立にあることはくりかえしのべてきた。分析的な営みが患者の過去や現在の体験をひとつの素材として認識し、その人生に収納していく試みであるとすれば、終結の導入は、その営み自体を素材化し、そこでの体験を以降の人生の礎石として活用していくためにあるのかもしれない。

終結は時間の永続性、反復性との別れである。時間がリニアである限り、はじめられたものは終えられ、抱える母の腕はいつかなくなり、生まれでたものはかならず死にゆく、そうした苦痛に満ちた認識への参与である。精神分析は対象関係論や心的力動論をはじめとして、こころの空間的理解を拡張させてきた。と同時に、この「時間」という概念がもつ重みにもたえず関心を払ってきた。ウィニコットが「存在することの連続性(21)」という時間的作用を人間のもっとも基本的なあり方に敷いたのはその一例である。精神分析において、時間がリニアであり、人の時間に終着点があるという事実に取り組むことは、人がいつか死ぬという事実をひき受けた上で、その生がいかなるものかを思考することと等価なのだろう。

この項で私が書きあらわそうとしたことは、時間のもつ絶対性、どうしようもなさを抱えながらも、なお、人がパーソナルに生きるために精神分析が果たしうる寄与についてである。

四　終結の意味について

最後に私は、ひとつの営みに協同してきたふたりの人間がその営みを終え、別れるということ、それ自体の意味について考えてみようと思う。そのことは、たとえば家族や恋人、友人、師弟など、濃密な人間関係全般に通底していることのように私には思える。分析関係はそれらの関係と並置される、きわめて人間的で、プライベートで、パーソナルな関係である。そのような営みが実際に終えられるというのはいかなる事態なのだろうか。

ここでひとつの臨床素材を呈示してみたい。この素材はおそらくは中断例に分類されるものであり、本論にはあまりにふさわしくない素材なのかもしれない。しかし、たとえ自家撞着を生むとしても、この素材はひとつの営みを終えることの意味をたしかに私に教えてくれた素材である。

ある若い独身男性が、抑うつと希死念慮を主訴として私との週一回五〇分の対面によるセラピーにはいった。彼は幼少期より母親の支配的で侵入的な態度に応じつづけ、思春期時には日々母の愚痴を聞かされてきた。そのころから彼は独自の死生観を構築し、その世界にひそかに耽溺するようになった。大学入学を機に独居した彼は、しばしの平穏を獲得し、専門的なキャリアをつみあげていった。しかしそのころ、同じキャリアを歩んでいた友人の自殺を機に抑うつ状態へと陥った。その友人は彼が生まれてはじめてこころを許した存在であった。友人はある機関から依頼された仕事に追いつめられていた。彼は友人から助けを求められたが、自身も多忙をきわめ、十分な援助はかなわなかった。ふたりは事態の窮状に成す術なく、その中で友人は唐突に自殺した。

何とか就業したものの、業務の多忙にともなって症状が再燃し、そのまま悪化の一途をたどった。辞職を余儀なくされた彼は、そのころの父親の病死も相俟って、実家で暮らすことになった。それは家族の意向であった。抑うつ感は解消されず、以降もただひたすらに無為な生活に身をとどめていた。そのような経過の中、通院先の医師の紹介で私たちは出会うことになった。

開始当初の彼は、セッションの冒頭で毎回定型句のように希死念慮の生起を報告し、倒錯的な死生観や自身のこころに広がる死の感覚について淡々と語りつづけた。彼にとって死は苦しみからの救済を意味していた。著しく情緒性を欠いたセッションがつづき、私たちの営みそのものが彼の死の感覚をなぞっているように私には感じられた。

最初の転回点が生起したのは開始から一年を経たころである。あるとき私は交通機関の影響でセッションに遅刻せざるをえず、しかも相談機関の事情でそのことを彼に連絡できない事態にあった。到着までのあいだ、私は強烈な罪悪感を経験していた。

ひとり待合室に佇んでいた彼は、私の姿をみとめると安堵の表情を浮かべた。このときの私は明らかに罪悪感に満ちた表情をしていたのだろう、そんな私に対して彼は「大丈夫ですよ」と一言声をかけた。

セッションでは友人の自殺について連想された。私は自身の突然の不在を友人の自殺と結びつけて解釈したりしたが、彼の情緒にふれる気配はなかった。彼はいつもと同様にあくまで知的に私の理解を咀嚼していた。しばらくすると連想の矛先が変わり、ある歴史上の人物の悲劇について語りはじめた。そして、自分の苦しみよりも、他の誰かの苦しみの方が自分にとっては大きな苦しみなのだと彼はいった。

このときであった。私の中にあまりにも唐突に圧倒的な悲哀の情がおしよせたのである。こうした情緒の揺れが少しずつひいていったとき、私の中にひとつの理解がごく自然に生まれていた。私は、彼が生きることの苦しみを母から背負わされ、友人からも預けられ、そしていまも私の罪悪感という苦しみを彼がひき受けようとしていることを伝えた。さらには、こうしたことが彼の人生史を形づくってきた苦しみなのだろうと伝えた。彼はそのままじっと何かを考えつづけていた。

翌週、彼は友人から苦しみを預けられたが、自分も友人に預けたものがある、それは彼の死の感覚であり、それゆえに友人は自殺したと考えていたことを明かし、激しく嗚咽した。それは彼が私にはじめてみせる生々しい人間的な姿であった。

その後、連想のテーマは対象の侵襲性によって自身のパーソナルなあり方を保持しえないこと、その一方で対象と交流しえないどうしようもない孤独感を抱えていることへと移っていった。そうした連想は母へのネガティヴな想いを軸に展開されていった。このような彼のスキゾイド的なあり方は私たちのあいだにも具現化し、セッションはいよいよ不毛な雰囲気を色濃くしていった。連想と解釈が機械的に応酬されるのみの、ごくフラットな営みが長期にわたりつづいた。

しかし、こうした状況を抱えつづけていると、彼は自然に前進しはじめた。セッション内ではわずかながらも生きとした交流が芽生え、私生活では元同僚からの会合への誘いを受けたり、学生時や就業時に暮らしていた土地へとひとり旅に出るようになった。それらの経験は彼の喪の作業を進展させた。連想内容は就業への希望と不安が中心となっていった。

ただ生きていることの実感を得るほどに、彼の希死念慮がその強度を増していった。二年半が経過するころ、彼の抑うつはこれまでにないほどに重篤な状態となった。ここまで外来治療の枠でこの営みを継続していたが、主治医とのあいだでは入院治療も検討されていた。

セッションでの彼は明らかに衰弱しきっていた。セッションはほとんど沈黙で占められ、そうした回が何週にもわたりつづいた。あるセッションで、彼はかすれる声で、友人が死に、自分だけが生きている意味がわからないとつぶやき、そのまま長い沈黙にひたった。身動きのとれないような重苦しい沈黙であった。そのセッションが終わりをむかえるころ、彼はある戦争映画の一シーンに言及し、戦場でわずか数メートル先にいる友人が弾丸に倒れ、その亡骸を見入る兵士の気持ちがよくわかるとのべた。私はいままさに私たちふたりが数メートルの距離で対峙していることをとりあげ、彼の中では彼と私の生は一方の死によってしか成立しえず、ふたりがともに生きる可能性をまったく信じられないほどに事態は逼迫しているのだろうと伝えた。彼はさめざめと涙を流した。そして友人の死によって事態の窮状から解放され、自身の生が友人の死の上に成立していることの罪悪感を語った。「生きていてよいという保障がほしかった」と彼はつぶやいた。

以降も沈黙に満ちたセッションがつづいた。時折発せられることばはいずれも感覚的で形象しがたいものばかりであった。私はこの状況を抱えることに専心した。すると三カ月ほどを経て、彼はゆっくりと退行から立ちなおっていった。そのころのセッションで、彼はこの面接空間を「誰かといながら、相手に関心をはらわなくてもよい自由を保障された空間」と評し、くつろいだ雰囲気をみせた。セッション内外である種ののびやかさが生まれていった。

三年を経過したころ、彼の親族のひとりが病死した。それを機に彼の連想は父親に焦点づけられるようになった。彼は父とは陽性の関係を築いてきており、彼にとって父は職を転々としつつも自由奔放に生きた理想の人物であった。しかし、そうした自由さが母に犠牲を強いており、そんな母を支えるために愚痴の聞き手として自らの身を差しだしていたことが少しずつ理解されていった。

そのころのセッションで、彼はまったく唐突に想起したあるひとつの情景を語った。それはこれまで完全に忘れ去られていた思い出であった。それは学童期に父とある建造物を見学した記憶であった。そのときに彼は父からずっと憧れている仕事があったことを打ち明けられていた。その仕事は彼の専門的キャリアと深い関連を有していた。「そんな形で父が自分の中に生きているとは思いもよらなかった」と彼は語り、感慨深い沈黙にひたった。

それからまもなくのことであった。彼は緊迫した様子で、一家の働き手である同胞に重篤な疾病がみつかり、自身は就業したことを報告した。その職は彼のキャリアに則したものであった。そのために次週から研修を兼ねた長期出張に出ることを告げた。その声は震えていた。私は彼がこの精神療法の終わりを考えていることを直観し、そう解釈した。この唐突な動きに驚きつつも、こうなることをなかば予感していた自分がいたことに、このとき私ははっきりと気づいた。

彼は肯定した。今日終わるつもりだといった。職場の上司から彼の話し方や物腰がかたいと指摘され、彼はそれを精神療法の影響であり、昔の自分はそうではなかったと主張した。このような彼からのダイレクトな批難ははじめてのことであった。ただ、患者から攻撃を向けられたときのあの独特の緊張や圧迫をこのときの私は感じてはいなかった。そこにあるのはある種の物悲しさであった。

彼は同胞の死を空想したとのべ、死の感覚の久方ぶりの生起が、友人のときと同様、この「突然の終わり」をもたらしているのかもしれないとのべた。彼は治療者の方はしばらくの別れの作業を勧めるかもしれないが、自分にとっては今日終わることが重要なのだと語った。そこに理屈はなく、あくまで直観的な判断によるとのことだった。そして「これが私らしい終わり方なんです」とさびしげに笑った。

彼はここでふと気づいたように、いまの家族状況と友人の死の状況とは異なることがあると語った。友人には死の感覚を全面的に預けたのかもしれないが、いまは同胞や家族とともにこの危機と自身の死の感覚を共有しているように思うと、そう彼は語った。

私は以下のように伝えた。思えばこの精神療法自体が彼の死の感覚をずっと体現してきたようである。そして、いまや就業という生産的な営みを開始しようとする彼にとって、彼の死の感覚を私が半分ひき受け、なお私と彼とが生きつづけるという現実が大切なのだろう、と。

彼は涙をあふれさせた。これまで彼の空想の中で私は幾度も死んでいたが、セッションの度に私がたしかにここで生きているということを確認して安心を得ていたのだと彼は語った。そのまま長い沈黙にひたった。私は残された素材を想いめぐらせつつも、この精神療法が今日終えられることもたしかなことなのだろうと感じていた。

時間がくると、挨拶を交わし、彼は静かに退室していった。

フェラロらは、終結のプロセスは「遠心的」であり、終結の出来事は「求心的」であるとのべた(5)。終結が実際的な別れを媒介として、喪の作業や脱錯覚過程、離乳過程を促進させるという意味で、それはたしかに遠心的なプロセスをたどるものである。一方、彼らは求心的であることの理由として、終結という状況が患者の中核的な葛藤やトラウマを浮上させる作用があることをあげた。

分離は人のこころに多大な衝撃、感慨、振動をもたらす。ランクが出生外傷を提唱し(19)、期限設定療法を考案したのも、彼が分離のもたらす人のこころの動きにこそ、人の本質的なあり様をみていたゆえだろう。松木氏が紹介した臨床素材において、終結の導入によって浮上した中核的葛藤は「母からの拒絶」であり、「仮想の敵」が彼の内部にこそ棲まうという心的現実であった。私が呈示した素材では、それは自己の「存在することの連続性」の喪失であった。それは彼のパーソナルな自己を包容する「環境としての母親」が連続性をもちえなかったことに由来していた。そして友人の唐突な自殺はその再演として理解できそうであった。そしてそれは中断を介して私とのあいだにも生起されたことであった。終結を通じて患者の中核的葛藤やトラウマに遭遇する，というフェラロらの主張はたしかにそのとおりなのだろう。

しかし，それだけではないのだろう。フェラロらはこうした中核的葛藤の浮上をひとつの破局としてえがきだしたが，それはあらたな心的存在として私たちが再構築されることを前提とした破局である。そうした再構築は，その個人だけでなく，患者と治療者の「関係性」にもあてはまることだろう。本素材において，彼は最後の局面で私との関係のあり方とその意味にふれている。別れにおいてこそ，人はその対象との本質的なつながりの形，つながりの質，つながりの意味をみいだすのではなかろうか。ここにあるのは別れという遠心的なプロセスがあるからこそ，「つながり」という求心的なあり様をみいだすというひとつの逆説である。

精神分析が転移をターゲットとする限り，治療者と患者がいまここでいかなる関係を築いているのかは常に注目されるトピックである。基本的にはそこでみいだされた関係は患者のこころにあらかじめ保存され，凍結され，あるいはこころに棲まうことなく漂っていたイマーゴや対象関係からの派生物である。そうした派生物こそ，私たちが患者のこころに触知していくことを可能にする。

しかし，この終局においてみいだされる「つながり」は，その途上で取りあつかわれる関係性とは質を異にするような気が私はしている。それは患者の既存のこころを理解したり，体験的に知るための媒介物としての「つながり」とは異なり，いわばつながるための「つながり」であり，この営みを継続するための前提となっていた「つながり」ではなかろうか。そして，「前提」といいながら矛盾するのだが，そうした「つながり」はその治療者とその患者の長年にわたる交わりの中で培われた「つながり」でもあるように私には感じられる。

そうした「つながり」はウィニコットのいう「リアルであるという感覚」[22]をともなうものであるように私は思う。松木氏が呈示した素材では、患者は終局に「分析家として揺らがなかった」治療者について語り、私が呈示した素材では、最後に彼は「生きている」治療者としての私にふれている。いずれもが治療者を「リアル」な存在として体感した上で、その関係がいかなるものかに言及したことばである。終結という実際的な別れがもたらす最たる作用は、この「リアル」な感覚に裏打ちされた「つながり」が、はたしてどのようなものであったのかを知ることにあると私は考えている。

五　結び

終結が、時間の絶対性や人間の本質的なつながりの形を知る機会であるならば、結局のところここで明らかになることは、この営みが成立するための前提や根拠となっていた事柄であるといえるのかもしれない。終結が人と人とが出会い、本質的な体験を蓄積していくための前提に回帰する事態であるとすれば、精神分析とはある意味では壮大な迂回路であるとさえいえるのかもしれない。このことはフロイトが生を死への迂回路[7]と表現したこととパラレルなのかもしれない。

ただ、私たちは単にスタート地点に戻ったわけではないのだろう。そもそも、かつて訳もわからずに人生に行き詰まり、実際には何もわからないままにこの営みをはじめた患者も、あるいは治療者も、もうそこにはいない。終結の場にいるのは、自分たちが創造した分析的な営みによって何らかの形で改変された私たちである。それは分析的な思考をたえず開始しようとする、あらたな心理的存在としての私たちである。

本稿に記したことは、松木氏や先達がすでに語っていること、暗に語ろうとしていることをあらためてことばにしたにすぎないのかもしれない。主体的な思考を呈示してきたつもりが、結局はいつものように松木邦裕という巍然たる巨人の肩にのって、精神分析の広大なフィールドを眺めようとしただけなのかもしれない。

しかし、たとえそうであったとしても、氏の論考に取り組んだ私は以前の私とは明確に異なる私になっているのもたしかなことである。おそらく私は今後もこうした形で先達が書き終えた論考に取り組み、あらたな分析的思考を開始していくに違いない。

文　献

（1）Balint, M.：The final goal of psychoanalytic treatment. 1936. In Balint, M. Primary Love and Psycho-Analytic Technique. New and enlarged edition. Tavistock Pub, London, 1965. 中井久夫訳：一次愛と精神分析技法　みすず書房　一九九九。

（2）Bion, W.R.：Second Thoughts. Karnac, London, 1967. 中川慎一郎訳：再考――精神病の精神分析　金剛出版　二〇〇七。

（3）Bollas, C.：The Mystery of Things. Karnac, London, 1999. 館直彦訳：精神分析という経験――事物のミステリー　岩崎学術出版社　二〇〇四。

（4）De Simone, G.：Ending Analysis; Theory and Technique. Karnac, London, 1997.

（5）Erikson, E.：Identity and The Life Cycle. Selected Papers. International Universities Press, New York, 1959. 小此木啓吾訳：自我同一性――アイデンティティとライフ・サイクル　誠信書房　一九七三。

（6）Ferraro, F., Garella, A.：Endings; On Termination in Psychoanalysis. Rodopi, Amsterdam, 2009.

（7）Freud, S.：The Unconscious. S.E.14. 159-204. 1915.

（8）Freud, S.：Beyond The Pleasure Principle. S.E.18. 1-64. 1920.

（9）Freud, S.：Analysis Terminable and Interminable. S.E.23. 209-253. 1937.

（10）藤山直樹：続・精神分析という営み――本物の時間をもとめて　岩崎学術出版社　二〇一〇。

（11）Goldberg, A., Marcus, D.："Natural Termination": Some comments on ending analysis without setting a date. Psychoanalytic

Quarterly 54, 46-65. 1985.
（12）細澤仁：心的外傷の治療技法　みすず書房　二〇一〇。
（13）Husserl, E.：Vorlesungen Zur Phanomologie des inner Zeitbewusstseins. 1928. 立松弘孝訳：内的時間意識の現象学　みすず書房　一九六七。
（14）Klein, M.：On The Criteria for The Termination of A Psycho-Analysis. 1950. In Klein, M. The Writings of Melanie Klein Vol.3 Envy and Gratitude and Other Works. The Melanie Klein Trust, 1975. 北山修訳：精神分析の終結のための基準について（メラニー・クライン著作集四）誠信書房　一九八五。
（15）松木邦裕：分析実践の進展　創元社　二〇一〇。
（16）Meltzer, D.：The Psychoanalytical Process. Karnac Books, London, 1967. 飛谷渉訳：精神分析過程　金剛出版　二〇一〇。
（17）Menninger, K.：Theory of Psychoanalytic Technique. Basic Books, New York, 1958. 小此木啓吾訳：精神分析技法論　岩崎学術出版社　一九六九。
（18）Ogden, T.H.：The Matrix of the Mind: Object Relations and the Psychoanalytic Dialogue. Northvale, NJ. Jason Aronson, London, 1986. 藤山直樹訳：こころのマトリックス——対象関係論との対話　岩崎学術出版社　一九九六。
（19）Rank, O.：Das Trauma der Geburt. Wien. 1924. (trans) The Trauma of Birth. Dover Publications, New York, 1994.
（20）Rothstein, A.：The seduction of money. paper presented at the meeting of the American Psychoanalytic Association. New York, 1994.
（21）Winnicott, D.W.：The Maturational Processes and the Facilitating Environment: Studies in the Theory of Emotional Development. Hogarth Press, London, 1965. 牛島定信訳：情緒発達の精神分析理論　岩崎学術出版社　一九七七。
（22）Winnicott, D.W.：Playing--a theoretical statement. In Playing and Reality. Hogarth Press, London, 1971. 橋本雅雄訳：遊ぶことと現実　岩崎学術出版社　一九七九。

対決 三　情緒的に受け入れることをめぐって

パーソナリティ障害(注1)とのかかわりでの逆転移
――逆転移での共感、憎しみ、そして悲しみ

松木　邦裕

一　はじめに――いわゆる「障害」という用語の使い方

状態記述による操作的診断基準の作成という精神医学での最近の動向の結果、障害という用語は精神疾患に広く使われるようになった。統合失調症型障害、不安障害といったようにである。これらの表現ではその比重は「統合失調症型」や「不安」といった前者に置かれている。だが以前から使用されていたパーソナリティ障害という用語では重点は「障害」の方に置かれているといってよかろう。

たとえば、不安障害でひどいパニックに陥っている、こころの障《さわ》りを体験しているのは、当然ながらその

(注1) 原タイトルでは「人格障害」であるが、近年、人格障害はパーソナリティ障害と呼ばれることが多くなっており、また原著者の松木も現在パーソナリティ障害と表現していることもあるため、タイトルおよび本文の「人格」をすべて「パーソナリティ」に修正した。(編者)

当人である。しかしながらパーソナリティ障害では当人の苦痛もさることながら、その害により障《さわ》られるのはまわりの人たちであることが一般的と言ってよい。害の障《さわ》りははなはだしく放散的である。ここにパーソナリティ「障害」の本質が含まれていると私は思う。

二　それではパーソナリティの障害とは何だろう

パーソナリティ障害とは、病的行動を繰り返してしまうこころの病と言い換えられよう。それはまた、こころに留め置けない感情や思考を行動によって積極的に排泄すると言うこともできる。そしてその結果、それはまわりの人に押し付けられる。

パーソナリティの障害を持つとされる人たちは自らの苦しい感情――抑うつ感（罪悪感・悲哀感）や迫害感――をこころの中にとどめて自らのものとして容れ、触れ続けることができない。それらの感情は、精神病のように崩れかかっている精神から漏れ出てしまうのではなく、その人によってこころから積極的に排泄され、その人のこころとの関係を断ち切られ、こころに戻ることを断固拒絶される。こうしてこれらの苦痛な感情はその棲み家を失い、宙に漂いさまようことになる。

しかしそれでも戻ろうとするその感情を戻し入れないために、その人が苦痛な感情を味わうことになってしまう対人関係から引きこもってしまうとき、非社会性のパーソナリティ障害、あるいは回避性パーソナリティ障害とか自己愛パーソナリティ障害と呼ばれるようになる。

しかし、むしろその人が自らの耐えられない苦痛な感情を他者に無理やりにでも押し込もうとするなら、反社会性パーソナリティ障害、境界パーソナリティ障害とか衝動型パーソナリティ障害、あるいは妄想性パーソナリティ障害と呼ばれることになる。

パーソナリティ障害での一見正反対のこれらの表現型はひとつのコインの裏表であるとともに交替したりまざりあったりするものである。

たとえば病的な嗜癖を持つ人はこの両面をあらわに持つ。シンナーや覚醒剤、アルコールなどによって極度な快感の世界に引きこもることで苦痛な感情をこころから消してしまおうとする。つまり、自らのこころを快感でいっぱいにしてしまい、戻ってこようとする苦痛な感情がこころに入れないようにしてしまうのだが、この自らを万能化し幼児化する行為は、苦痛な感情を含めたあらゆる不快な感情や活動を周りの人たちにすべて押し付けることで他者をひどく傷つける。

別の表現をするなら、パーソナリティ障害者は精神病者と違いその能力が妨げられていないにもかかわらず、理解ある思いを分かち合おうとしないで、他者を排泄を向ける部分対象として利用しようとする。こうして他者のパーソナリティを傷害するのである。

フロイトの思索の発達についての理論(1)を援用して述べ直してみよう。精神病者は、快感原則に沿う考えである思索の一次過程に基づいた精神活動に頼ることを余儀なくされているのであるが、パーソナリティ障害では万能空想に固執するため、現実原則に沿う考えである思索の二次過程が可能であるにもかかわらずそれを嫌悪し、あえて一次過程思索を活用しようとしているのである。そこにはこころの成熟を促すもの、心的現実を認識させるものへの嫌悪がある。

しかしながらパーソナリティ障害者自身にはそうするだけの正当な理由があることを私たちは決して忘れ

てはならない[4]。それはあくまで主観的な感覚なのであるが、むしろそれゆえに何より重要なのである。

彼は意識的には人生でのまったくの被害者なのである。彼こそが満足のいく充分な愛情を与えられず、満たされぬ想いにひとりぼっちで苦しみ続けてきた、他の人は手に入れている人生での大事な暖かいなにか、当然もらう権利のあるなにかをもらえなかった被害者なのである。結果、彼はいまでは無意識的には内的加害者に同一化して、「みじめな被害者‐自己」を他者に排泄し続けるのである。

このような意味で、パーソナリティ障害はとても感情的なパーソナリティなのである。パーソナリティ障害とは自らが扱えない感情による障《さわ》りなのである。そこで彼らは振る舞い、私たちはそれを感じる。このことゆえに彼らに対応する治療場面での治療者の感情はあらゆる意味で大きな役割を担うことになる。

三　パーソナリティ障害の診断における逆転移の意義

ところで精神医学領域での診断は治療者の主観的感覚を活用することでなされる。つまり治療者が把握する患者についての客観的事実とともに、主観的感覚を併用することで診断がなされるとのことである。たとえば統合失調症の実際の診断では、シュナイダーの一級症状やＩＣＤあるいはＤＳＭの診断基準という客観的状態像からの情報とともに、いわゆるプレコックス感や統合失調症臭さという治療者の経験に基づいた自らの感覚からの情報で診断が導かれる。日々の臨床の場では後者に頼ることはむしろ多いと言ってよい。

そして今回のテーマであるパーソナリティ障害でも、その診断に際して治療者の主観的な感覚がとても大きな比重を占めている。

パーソナリティ障害の系列に連なる一群の患者を診たとき、私たちはおおよそ次のように表現できるパーソナリティ病理系列を頭に描いている。ほぼ健康な人、神経症状態、パーソナリティの偏りや歪みが目立つ神経症、パーソナリティ障害、パーソナリティの破綻（＝精神病状態）という流れである。この系列は、あとにいくほど行動面の障害が現実吟味を欠きかつ著しいという傾向を客観的に表現しているという側面もあるのだが、より実際には、後者の表現を治療者がしたくなるほど治療者自身の感情がかき乱されるコミュニケーションを治療者がその患者との間で味わっているとのことでもある。

＊

外来診察室で初めて出会ったその患者はある苦悩や不安を抱え、その抱えきれないこころの苦痛に圧倒されている自分を受け容れ支えてくれる対象を切に求めている。そしてそのことを出会えた治療者に伝えようと彼は努める。治療者はその苦しみに共感と理解を向け、彼への援助を提案する。それを受けて彼は安心し、さらにその親密さは深まる。こうしてふたりの間で治療関係が成立し展開していく。

この相互交流が適切な情緒を含みながら滑らかに展開していくほど、その患者はパーソナリティの健康度が高いと見なされる。すなわちその対極がパーソナリティ障害ということになる。というのは、不安や苦悩は分かち合われながらも相手を尊重した気配りが相互に自発的にほどよくなされることで相互交流が適度に深まり、苦痛の改善という目標に向けた協力も分かち合われるからである。そしてその達成の満足感を治療者は味わう。

パーソナリティ障害との出会いの面接ではこの流れが不手際に滞るか、円滑なようでうわすべりに流れている印象を治療者はこころに抱く。彼の気持ちの深みに触れることが何故かできないとの体験をしやすい。彼の痛みに触れようと差し出した私たちのこころの手が妙にはぐらかされる、荒い壁に遮られる、あるいは手痛くはじかれてしまうという感触を私たちのこころの中で味わうことになる。つまり治療者はその患者から表し出されてくるものに、悲しみを含んだ共感的な感情を素朴に味わうよりは、『いやな感じ』――不快感、戸惑い、怒り、嫌悪感――を味わっているのである。まさにここにパーソナリティ障害という診断の手掛かりが確かにある。そしてその私たちの中に流れる感情の性質と動きこそがその病の質と治療の見通しも予測させてくれる。

四　逆転移の定義

治療者の中に湧き上がる感情という表現で、もはやすでに逆転移を語ってしまっているのであるが、ここで逆転移という用語を整理しておきたい(3)。

逆転移は精神分析治療の中から出てきた臨床概念である。フロイトは、逆転移を治療関係の中で分析家に生じてくる転移感情であるととらえた。つまりその場での治療者側の病的な感覚と位置づけた。しかしその後の精神分析は逆転移の概念を精製してきた。

まず逆転移を臨床的に位置づけた。すなわち逆転移を治療者の転移と限定せず、分析治療セッションにおいて湧き起こってくるフィーリング（感じ）ととらえた。それは治療者の中に湧いてくる感情、空想、思考すべてを意味する。

そしてこの逆転移はおよそ三つの性質に分けられる。治療者の病的反応――フロイトの言う狭義の逆転移。もうひとつは治療者の中に湧く正常な、もしくは健康な感情反応――すなわち親のような気持ちや償いの感覚に基づいた共感である（診断をめぐる記述でこの感情の特異な変遷を述べた）。第三に、患者から排泄され治療者のこころに投げ込まれた感情や思考そのものを味わっている感じである――つまり投影された患者の感覚の体験である。これらはときに単独で、多くは入りまじって生じてくる。

かつて分析家は、患者を映し出す空白のスクリーンとなるため逆転移を鎮圧することを求められた。しかし今日では分析家の中に湧いてきているものをただちに抑圧するのではなく（もちろん安易に発散するのでもなく）、むしろその感情や思考を自分の中で充分に吟味してその性質を掴み、患者理解に活用することが求められている。すなわち逆転移を治療の道具として使う技術を磨くことが求められている。豊富な感情体験をすることになるパーソナリティ障害の心理治療には、とても難しいが重要な技術である。

五　パーソナリティ障害治療における転移と逆転移

パーソナリティ障害の心理治療での目標は喪の作業（モーニング・ワーク）の遂行と私は考えている。すなわちその個人の傷ついて痛々しい深い悲しみの自己に到達し、その抑うつに触れ続けることであろう。しかしながら、それは患者自身にも治療者にも途方もなく難しい。なぜならそれこそが患者が耐えられない惨状として目をそむけ続けてきたものであり、その責任は自分ではなく親的他者にあると責めることで避け続けてきたものだからである。だから私たちは治療を始めることでこの関係を否応無しに反復させせられることになる。これがパーソナリティ障害での転移の外郭であり、私たちがからめとられるものなのである。

もし私たちが彼らの転移に自然にからめとられることができるのなら、そこにひとつの物語が展開していく可能性が出てくる[2]。それは理想の治療者に出会ったものわかりも行儀もよい患者という短いハネムーンの時期を通り過ぎて現れてくる。

初め彼らは私たちを理想化して愛着を向け、私たちも彼らの悲しみを感じる。ところがやがて、彼らは彼らの内的幼児期体験においては正当な、治療のその場で彼らに適切に豊かな関心と愛情を向けていない私たちへのいきどおりを感じ始め、私たちをしてやる画策を講じ始める。私たちは、不当に扱われているという「正当な」憎しみの対象となる。私たちは急速に緊張を高める。結局、私たちをしてやった彼らは勝ち誇る。対応する私たちはパラノイックな嫌悪感でもって彼らに接していくことになる。私たちも彼らに裏切られた憎しみを感じるのである（憎しみはまさに彼らの感情であり、逆転移の第三の性質である）。

この不安定な均衡はやがて破れる。彼らは何らかの形で憎しみを爆発させるのである。このときに確かなことは、彼らが正当であり私たちが間違っているというそれを（事実の確かさということではなく）情緒的に私たちは受け入れなければならないということである。このことは、私たちが私たちの中で彼らへの愛情も憎しみも見失うことなく過度に甘やかすこともなければ報復することもない、共感的治療者であり続けるという途轍もなく難しい任務を私たちに求めてくるのである（このとき治療者が転移を理解していないなら、治療はここで途絶える。彼らの爆発をコンテインできる（対応する人たちの心理を含めた）環境が提供されていないときも治療は途絶えることになる）。

この流れを通して私たちが彼らに耳を傾け続けるなら、彼らは傷ついた自己を初めて表現するようになってくる。自らの淋しさや悲しみをことばにするのである。こうして私たちは遂に彼らのこころの痛みに触れることができる。

しかしながら、彼らは私たちが彼らのこころに添っていることになかなか気づけない。新たに展開してきた内的状況での抑うつ的なこころの痛みやどうかなってしまいそうな恐怖を見ているだけで精一杯なのである。彼らは引きこもるか更なる行動で苦痛をこころから排泄してしまおうとする。私たちは見向きもされなくなるか、肝心なときに役に立たない人物としてまたもや非難されることになる。そしてここでも私たちが彼らに添い続けるなら、あるいは環境が壊されないなら、彼らは「ものわかりのよい子」にふたたびなる。希望的には、いくらかの憂いもそこに含みながら。

＊

この物語はそのまま繰り返される。もし私たちが幸運なら、この物語は終わりに向かう。しかし不運なら私たちの苦闘にもかかわらず、ほとんど終わりのない物語として続いていく。

私はここまで転移を軸に置いて描いてきた。それはもちろん、逆転移が転移を見据えているときに意義を持つからである。それがなく私たちが逆転移での苦しみや憎しみに耐えているだけなら、私たちは修行者か心的マゾキストに過ぎない。無意識のうちに私たちはおのれの懲罰願望に基づいた空想を患者との間で行動化／再演しているのである（逆転移の第一の性質のひとつである）。

しかしそうは言いながらも、パーソナリティ障害の治療では治療者のこころが防衛的に凍ってしまうなら、彼らのこころも凍っていく。しかし治療者のこころが溶けている限り、彼らのこころも溶けていく。ただ両者の柔らかなこころには傷が浮かび、そこからは痛々しく、ときにはなはだしく血が流れる。

　これからひとつの臨床例を提示してみよう。匿名性の保持のために幾つかの素材を混ぜて提示している。

臨床ビネット

ある男性が両親とその知人に付き添われて受診してきた。たくましく色白な彼は、見たところもの静かな青年という雰囲気だったが、すでに三十歳に達していた。

　診察の始まる雰囲気はひどく重苦しかった。患者はうつむき、両親は意を決してはいるようだが落ち着きがなく、高い緊張と疲れの混じった表情で礼儀正しかった。私はまるで裁判所でひとつ高いところから彼らに向かい合っているかのような感覚を私の中で感じた—あたかも厳かに事態に対処できるかのような。

　起こっていたことは次のようなことだった。この青年はこの十年以上ほとんど家に引きこもった生活をしていた。父親には怯えさえありそうなよそよそしい態度を取っていたが、母親には甘えるかと思えば威嚇し従わせ、自分の望みや命令に従わないと殴る蹴るの乱暴を働いていた。今回も母親が彼のものを勝手に扱ったという些細なことから彼が母親にひどく乱暴したので手に負えない両親は知人を呼び、以前から考えていた精神科受診を実行に移したのだった。両親だけでは病院にはとても連れていけなかった。ところが初対面の知人に促されると彼は驚くほど従順に病院に来たのだった。つまりもはや自宅に連れて帰れない状況にあることは全員に明らかだった。そこでそれを宣言することが私に求められていた。

　実は彼はすでに精神科病院での入院治療も一度ならず経験していた。しかしその治療は『おまえなんか、叩き殺してやる』などと猛々しい態度で彼が医者を脅すため、境界パーソナリティ障害の診断のもとに、両親が「病院から彼を引き取る」という形で一週間余で終わっていた。通院はしなかった。

診察室での彼はうつむいていた。さほど張り詰めた感じはなかった。私の初めの問いかけにも小声ながらあまりよどむことなく答えた。それはひ弱な子どもを前にしている感じさえ私に抱かせた。ただ両親の醸し出す重苦しい雰囲気とはあまりに対照的過ぎた。彼の穏やかさは場に不自然といってよいものだった。

両親の語る彼の生活史から小学校までの表面的な順応とは別に、対人関係は幼児期からすこぶる不器用なものであることが判明した。父親は確かに厳しかった。病理は青年期にはっきりと表に現れ、自己愛的な万能感を維持するため自宅に引きこもり思いのままに母親を支配したり、その一方では日頃のうさを一挙に晴らすかのような激しい暴行を外で衝動的に働いていた。いまではその生活は寄生的といってよかった。出口は本人にも両親にも見えなかった。私は彼の行き詰まり感を感じ取れるように思った（親的逆転移）。

そこで私は一歩踏み込んで、彼の情緒的な困難さと生活の行き語まりに話を進めた。彼は『いや』、『べつに』とさらりと私の問いを横にそらした。その瞳には何も漂っていなかった。彼のこころは痛みも苦しみもなくからっぽであるかのようだった。私の共感はその手を宙に浮かせているだけだった。それは無視された腹立ちをもう少しで私に感じさせそうだった。

私は絶望的な状況で息子を抱えている両親を気の毒に思った。倣慢さをちらりと垣間見せる彼にも落ちこぼれた、本当は気の弱い子どもを感じた。どうすることもできないでいる悲しい人たちがそこにいた。しかしそうはいいながらも、入院治療を始めるなら前の治療で見せた激しい攻撃性が出現してくるであろうが、それに私や病棟スタッフが対応できるかも私は考えていた。私たちが実際にはやっていけないにもかかわらずそのまま抱え込み続け、そしてどちらも耐えられないほどに傷ついてほとんど衝動的に彼を放り出すという状況を避けることは考えるべきことだった。

私は自発的な入院として閉鎖病棟に入るという形態での治療を提案し、まったく従順に彼はそれを受け入れた。

＊

入院したその日、彼は病棟スタッフにもていねいなことば使いで穏やかだった。しかしその夜、自他の区別をまったくなくして彼の物を扱っていた統合失調症の男性を怒鳴りつけた。翌日には電話で大声で母親を怒鳴りつける彼の姿が病棟にあった。

翌々日の私との面接では自らの葛藤を語ることができた。思春期から父親の過大な期待と支配に強い反撥を感じる一方でプライドに縛られて身動きできない自分をいくらかしんみりと語った。苦悩している彼がいた。

しかし話が進むにつれて彼の形相は見る見る変わっていった。治療者としての私をほめ讃えたのに続いて、目をらんらんと輝かせ口を大きく開いて声高に、本当は自分がいかに有能で輝く未来があるか、周りの雑魚どもとはまるで違う鴻鵠《こうこく》であるかを滔々と語っていくのだった。それは聞いている者をへきえきさせる尊大さだった。私は醜いものを目の当たりにしている強烈な嫌悪を感じた――「そんなら勝手にやって野垂れ死にしてしまえ」とでも言語化できそうな感情である。しかし彼の話に呑み込まれないで聞いているとそこには哀れさもあった。そこには怖くて社会を避け、安心できる場所でだけ自己を肥大させている彼がいるのである。ただ、この後者の感情――哀れさ――はややもすると見えなくなりそうだった。なぜならやがて明らかになってきたのだが、その哀れな悲しみこそが彼が自らのこころに置いておけないみじめ過ぎる感情であり、私を巻き込んだ万能的自己愛世界のどこにも置かないように排出していたものだからであった。ゆえに私は彼の悲しみを捜す必要があった。

入院後一週間ほどで、彼は他患者たちとのトラブル――彼は弱い患者を力であからさまに脅し、乱暴な患者には殺されるかのようにひどく怯えたのだが――そのことを契機として、自分を理解せずに不当に扱うある男性看護スタッフに憎しみを向け始め、それは次第により多くのスタッフに向けられていった。『よくわかってくれる』理想的にやさしいスタッフと『ぶっ殺してやりたい』悪いスタッフを分け、陰に陽にそれをあらわにした。病棟全体、そして病棟スタッフが否応無しに彼の持ち込んだ感覚にどんどん巻き込まれていった。

予想されたことではあったが、病棟全体にこうした強烈な緊張をかき立てた彼に私は怒りを感じた。あまりに自己愛的な振る舞いへの怒りである。だがそれが無力な自己への抑うつの感情の防衛であることも私にはわかっていた。ゆえに私は私の怒りを彼を世話している病棟スタッフが抱えている怒りの感情と重ね、スタッフの怒りを言語化させ肯定するとともに、彼のこころの奥の抑うつ感、無力感についての理解をスタッフに伝えた。さらに彼との面接では彼が他者に問題を転嫁して自己愛的万能感に浸ることで自分の憂鬱な現実から目をそらしていることを伝えていった。それは彼に悲しい現実への視線といくらかの抑うつ感をもたらした。しかし無論彼はそれに耐えられず、やがて彼の正しさを理解していない私に、怒りがはっきりと向けられるようになった。

それはある日、些細な出来事をきっかけとしてひとつの頂点に達した。すっかり興奮した彼は、机をバンバン両手で叩きながら大声で私への不満を訴え、あからさまに罵り威嚇し、にらみながら顔を近づけ頭を私にこすり付けた。ほとんど爆発したも同然の状況になった。

おそらく人によっては恐怖のあまりに誰かを呼びたくなったであろう。私にもそうした怖さがなかったわけではない。腕力ではとてもかなわないことは明らかだったし、彼の語った『殴りつけてボタボタにした』犠牲者に私がなることも連想した。だが私は私とのこの切迫した状況にこそ転移的で治療的な意義があることもわかっていた。

すなわち彼の内的世界の、力で支配し支配される関係が今私との間になまに再演されているが、私が助けを外に求めることはその力による関係を肯定し反復強迫するに過ぎないし、力ではない理解に基づいた関係こそがここに必要とされていると感じていた。さらにこれまでのやり取りから、自己愛的な怒りに身を任せている彼の中に現実に目を向け自分を憂いている自己がいることも分かっていたので、私は彼のその部分に話しかけ続けた。

なおも彼は荒れ狂った。私も気が高ぶっていた。転移にからめとられていた。しかしそうではありながらも転移状況を見据えて、辛抱強く対応した。彼の悲しみやみじめさへの理解を伝えた。私は彼の抑うつに触れておくよう努め続けた。

やがて彼はいくらか穏やかさを取り戻し、私とあいさつを交わして面接室を出た。残された私はぐったりとした疲れを感じた。やるせなさを含んだ気の高ぶりも残っていた。私はしばらく椅子にもたれて、こころを緩《ゆる》めたままにした。

このやりとりをきっかけに、彼は自分の現実と抑うつにこれまでになく触れた。自分の今の生き方はまったく行き詰まっていること、自分は絶望的に何もやっていないことを見た。それはひどい惨めさとして彼に体験された。寝込んでしまい、『死んでしまいたい』と彼は絶望した。

その抑うつはまるで底無し沼のように彼を引っ張り込んでいると彼には感じられた。彼は耐えられなかった。ゆえに必死で彼はある女性に目を向け、恋をすることで抑うつから飛び出た。

こうして彼はまたもや自己愛世界を構築し、現実的抑うつは放り出された。このあり様を見ている私の中に抑うつは棲み込んだ。私は絶望した。

＊

ここにはあるタイプの——攻撃的自己愛パーソナリティと言えそうな——パーソナリティ障害の治療において反復される物語のほんの一部分を提示したに過ぎない。しかし、そこでの逆転移の臨床を描き出すよう努めた。

六　おわりに

逆転移は取り扱いがとてもむずかしい感覚である。逆転移の噴出はたやすく治療を歪めてしまう。しかしそれが他には変え難い、治療に有用な道具となることも確かなことである。そしてパーソナリティ障害の治療においては逆転移のこの両面がさらに極大化する。それゆえに間違いなく、私には逆転移を取り扱えないときがある。その結果私は治療に失敗する。しかし日々の臨床でのこれらの逆転移体験を味わい続けることこそが、それらの感覚を臨床場面で活用できるときを増やしてくれると私は思う。私はそう考えて日々の臨床活動を営んでいる。

（出典：現代のエスプリ別冊 人格障害　至文堂　一九九七）

文　献

（1）Freud, S.：Fomulations on the Two Principles of Mental Functioning. S.E. 12, 1911.
（2）松木邦裕：臨床報告　転移にからめとられること　牛島定信・北山修編：ウィニコットの遊びとその概念　岩崎学術出版社　一九九五。
（3）松木邦裕：すべてが転移／逆転移……ではないとしても　氏原寛・成田善弘編：転移／逆転移　人文書院　一九九七。
（4）Winnicott, D.W.：Deprivatin and Delinquency. Tavistock Publication, London, 1985.

客観性の萌すところ

関　真粧美

一　はじめに

「人格障害とのかかわりでの逆転移(3)」、この論文を初めて読んだのはまだ大学院生のころだった。当時私は、あるボーダーラインの女性と、はじめて精神分析的な方向付けを意識した面接をしようとしていたが、会うたびに毎回罵倒され続け、だんだん強い腹立ちを抑え難く感じるようになってきていた。書物に助けを求め、手に取った中のひとつがこの論文だった。

「このときに確かなことは、彼らが正当であり私たちが間違っているというそれを（事実の確かさということではなく）情緒的に私たちは受け入れなければならないということである」という文章に、音がするぐらいの強い衝撃を覚えたことが鮮明に記憶に残っている。

〝そんなむちゃな、ひどい〟、という反発的な感覚が半分で、まさにその通りだ、なのに自分はまったくそうできていない、という自責的な感覚が半分であった。「（事実の確かさということではなく）情緒的に受け入れる」というのが体感的にはどういうことを指しているのかわからなかったが、きっとこれが真実だろうと感じた。以来、このフレーズをたいせつにこころの中にしまって仕事をしてきた。パーソナリティ障害の人たちと会っていくなかで、もっとも大事な精神という気がしつづけている。

パーソナリティ障害の人たちは、こちらが〝そんなむちゃな、ひどい〟、と思うようなことを、ことばで、また行為で、何度も何度も突きつけてくる。しかし「パーソナリティ障害者自身にはそうするだけの正当な理由があることを私たちは決して忘れてはならない」「それはあくまで主観的な感覚なのであるが、むしろそれゆえに何より重要なのである」。つまり、パーソナリティ障害の人たちは非常に主観的な人たちである。客観的な思考というものが獲得されていない、または障害されている人たちであるとも言える。

この文章の中で松木は「パーソナリティ障害の心理治療での目標は喪の作業の遂行」であると述べている。これに私は〝客観性の獲得〟ということを追加したいと思う。しかし喪の作業が遂行されたときの主体の思考に客観性が萌してくるのは自明のことという気もするので、これは屋上屋を架すというか、同じことを違う切り口で述べるに過ぎないという気もしてはいる。

ある程度の客観性をもっていることは、集団の中で人とかかわりながら暮らしていくうえで不可欠なことである。パーソナリティ障害の人たちはそこが大きくそこなわれている。

「客観的」を国語辞書で調べると、

①主観または主体を離れて独立に存在するさま。↕主観的。②特定の立場にとらわれず、物事を見たり考えたりするさま。「――な意見」「――に描写する」↕主観的。

（ｇｏｏ辞書、大辞林、インターネット）

とある。人と人がかかわりあう状況において求められる客観性とは、主観を離れて独立に存在する、第三者的な視点からものごとを見たり考えたりする姿勢のことである。精神分析的に考えれば、エディパルな課題の達成と関係があるだろう。

ところで、古来より世界中で親しまれているかくれんぼという遊びがある。子どもの発達の度合いを推し量るさいに、この遊びのルールを理解できているかどうかを手がかりにすることもある。(1) かくれんぼは、隠れる役と見つける役の両方がいて成立するが、隠れる役は四、五歳にならないと難しいと言われている。

頭隠して尻隠さず、ということばがあるように、自分の顔や頭を隠していることと、相手から見た時に自分の全身が相手の目にふれない状態にできていることの区別がなかなかできない。はなはだしい場合には、見つける役に対して全身を晒したまま自分の目だけをつむって、それでうまく隠れたつもりになっている子どももいる。これはつまり、自分の視覚体験とは異なる〝見つける役の視覚体験〟を想像したうえでうまく隠れるという、主観的思考と客観的思考の並行的作業が達成されないと、うまく隠れることは難しいということを示している。

出会ってから、離れたり見失ったり、時には触れあったりすることを重ねていくセラピーの過程を、かくれんぼやいないいないばあになぞらえることがある。セラピーの過程とはふたりの主観と主観が重なりあい、混ざりあったりまた離れたりしながら、やがてそれぞれが主観と客観をあわせもつようになるまでの過程でもあるのかもしれないと考える。

これから臨床素材を提示する。匿名性の保持のために、いくつかの素材を混ぜて提示している。

二　臨床ビネット

二〇代後半の痩せた女性が私の勤務する心理相談機関に来院した。大学院を卒業し、希望する職種につくことができなかったことをきっかけに希死念慮をともなううつ状態になった彼女は、近所の精神科医療機関で投薬をふくむ治療を受けて、一旦は病状がやわらいだ。なんとか仕事ができる状態になり治療を終えて、数年間は休みながらも勤めを続けていた。しかし再び内的に苦しい状況が強まってきたため、投薬にくわえて心理療法をうけることを希望して、私の勤務する機関に来たという経緯であった。彼女は業務に関しては強迫的な完璧主義で、職場内においては優秀で高く評価されていた。しかし家族や交際相手などのごく近い関係の相手には感情を暴発させがちで、しばしば暴言暴力を繰り返しており、そのことへの後悔で落ち込んで死にたくなるということを長年ひそかに繰り返してきていた。

彼女の父親は影がうすく、理由もはっきりせず不在がちで、アルコールの問題があり、彼女が思春期の頃に急速に健康を崩して亡くなっていた。専業主婦の母親はぼんやりした人で、人付き合いもなく、ほとんど家にひきこもって暮らしていたが、時折非常に落ち込んだようになって口もきかずに何日も寝込んでしまうことが昔からあったという。父親が残した遺産がわずかにあったが、母親がぼんやりしているうちに親族に不当に多くもっていかれたということがあり、自分以外の人間は豚のような馬鹿者と卑怯者ばかりだと彼女は憤っていた。

面接を始めてから最初の三年間ほどはうつと希死念慮の増悪がみられ短期の入院を数回経験したが、しだいに落ち着いていった。やがて、自分はこころの傷ついた患者として提供されるべき愛情のこもったサポートを提供されておらず、単に金づるとして扱われ、不当に搾取されていると私に訴えるようになった。こころ優しく世界の真理を知っている自分に対して医療関係者は皆なんという馬鹿者ばかりなのか、死ね、殺せ、などといった、激しい攻撃的な訴えを繰り返すようになった。一度そうなると落ち着くまで数カ月かかっていたが、五年ほどたつうちにやがて衝突が起きても五〇分間の面接の中で修復してから面接を終えることができるようにはなった。とはいえ、修復までの時間が短縮されたことと、怒鳴り声でなくふつうの声量で苦情を言われるようになったこと以外、語られる内容はなにも変わっていないような気もしていた。

九年目、彼女は毎回いろんなことで苦情を言った。たとえば、今日は面接室の物の位置が違うようだ、それだけで部屋の雰囲気が非常に変わるものであり、そうしたことを完璧に管理するのがセラピストの仕事である、これは怠慢だ、というようなことである。しかし私からするとそれは、正直どこが違うのかわからず、もしも実際に彼女の言うとおり物の位置が違ったとしても、おそらく数ミリから数センチの範囲なのではないかと思うようなことばかりだった。

しかし彼女は幼少期に周囲の大人の都合で何度も環境を大きく変えられてしまったという外傷的な思いがあり、そのことを思えば、面接空間での安全性や安心感を確保するためここに変化を持ち込まないでほしいという彼女の訴えは十分に理解できることだった。解釈としても、それらのことと現在の思いが関係あるのだろう、当時の無理解な大人たちとセラピストである私とが同じだと感じているのだろう、という文脈で扱われていた。

そうした解釈を伝えると彼女はいつも滝のように滂沱し、同じ外傷エピソードを同じ口調で同じ順番で語り、私への攻撃的な雰囲気は涙とともに流されゆき終了時間を迎え、しかし次のセッションではまた前回のセッションとまったく同じように、何かの配置が変わっているという訴えをはじめるのだった。

その、まるで判で押したように機械的で不毛で執拗な循環運動の中で、変化につながる糸口が見いだせず、何か大切なことを決定的に見落としているという閉塞感と焦りが深まっていった。そのような私の不毛感や苛立ちを、私のなかにそうした感覚をかき立てている彼女の反復的な動きを、報復的でないかたちで解釈の素材に用いることが必要な気がしていながら、どうしたらそれができるのかわからないまま、大事なことに触れられないままでいた。

彼女は物の配置だけでなく時間についても敏感に反応した。しばしば遅刻をしたが、そうしたとき入室と同時に震えんばかりにおびえだし、遅刻したから先生が怒って怖い顔をしている、と言った。私は自分が怒っているという感覚がまったくなく毎回困惑し、彼女のおびえと迫害感の強さを何度も話題にし、また彼女が自分に失敗を許さず完璧に業務を遂行したがるのはそうしたおびえを感じなくてすむためなのだろう、遅刻したことにたいへんな失敗感を自分がおぼえていて、それが私が怒っているかのように体験されてしまうようだと解釈するうち、そのおびえは減少していった。

遅刻しないときの彼女は、時間の管理はセラピストがすべきだ、と言って部屋の時計だけでなく自分の時計を見ることを絶対にしなかった。それでいて、今日の面接開始時間がいつもよりも数分遅いはずだ、と言ってわなわなと震えながら激怒したり、前回の終了時間が数分早かった、と憤慨することがしばしばあった。面接のはじまりと終わりに関しては私は時計により〝客観的〟な時間を確認していたので、彼女が言っているのは〝主観的〟な「物足りなさ」「渇望感」なのだろうと理解し、そのようなやりとりを繰り返していた。しかししだいに、数分ぐらい時計による誤差だと思えないのはなんなのか、そもそもそんなに時間が気になるならなぜ時計を見ないのか、面接時間を短くなどしていないのに実際に短くしたかのように毎回毎回責められつづけるのはなぜなのか、どうして毎回同じことをこんなに繰り返し話すのか、とうんざりしてきた。私は病的な逆転移反応だと思いつつも、彼女にそのようなことを言われる種が何もないように細心の注意を払って部屋中を点検してから彼女を迎え入れるようになったが、その作業自体も面倒でやりたくなかったし、そんなことをしている自分にも腹がたってきた。そしてそれでも結局は何かしらの「落ち度」が発見され、糾弾され、面倒な点検をしたのになあという思いが余計に私のうんざり感を深めていくという悪循環に陥っていた。

そしてある回に、もう絶対に〝客観的〟に正確に時間通りに開始していると確認しながら開始した面接で、彼女がまたいつもよりも開始時間が遅いと言って怒りはじめた。そんなことはあるはずがないと憤りながら聴いていた私は、あなたが今日怒っているのは私とのある別のエピソードのことなのではないかと思う、という解釈を彼女に伝えた。その時私は、苛立ちをことばに出すことこそかろうじて抑えられてはいたが、耳に入った自分の声がいつもより大き目に出てしまっていることを自覚した。彼女は急に口をつぐみ、おびえたような顔で私を見つめた。見開いた目にみるみる涙があふれ、「ひっ、ひどい……そんな大きな声で、そんなふうに怒りをぶつけられるいわれはありません」と声をあげて激しく泣き始めた。「どうしてこんな辛い目にばかりあわなければいけないんですか。今日ここに来なければよかった。どうして私ばかりこんなにひどい目にあうんですか。私をひどい目にあわせた連中が病院に通えばいいのに、被害者である私だけがこうやって病人扱いされて、長年一生懸命治療に通わなければいけないのはどうしてなんですか。理不尽です」「先生は怒っている、ひどい、自分の感情を出すなどセラピストとしてあってはならないことなのに、先生の落ち度だ、職業人として失格だ」と泣きながら苦情を言い続けた。

彼女の言う通り確かに、明らかに私は怒っていた。その点において彼女の私への苦情はまったく正当であり、的を射ていると感じた。彼女の主観と私の主観は今初めて一致していた。

私は、あなたはここで怒りを表出させるたびに私が内心腹立ちを強めていて、いつか私があなたに対して報復的に反撃してくるのではないかという恐れを強め続けてきたのだろう、さっき私が怒っていると感じた時、ついにそうなったと感じてとても怖かったのだろうと解釈した。そのようなことはこれまでも何度も伝えてきたことであったが、私が、確かに彼女が主張する通り自分は腹をたてていたと、こころから実感しながらそう言ったことはこれまでなかった。それまでの私は濡れ衣を着せられているような納得のいかなさだけを自覚していたから。

しかしその濡れ衣を着せられているような感覚は、家族の中で一人だけ病者として扱われている彼女が、ずっとこころの中に抱いてきたものだった。彼女はしだいに落ち着き、その後私たちは攻撃と甘えが未分化で混同されていることについてやりとりした。

次の回、彼女はめずらしくしみじみとした口調で、自分は自分のものだと思っている時間と場所についてのこだわりが強く、誰かに奪われたり邪魔されたりしないように常に攻撃態勢で身構えているのだと思った、という考えについて、バスの座席にまつわるエピソードや業務上のスケジュール管理に関するエピソードを連想しながら語った。私が、相手の反撃への恐れから、攻撃にさらに攻撃を重ねていくこと、ここでもおびえたときほど剣呑な口調になることを伝えると彼女は声をたてて笑い、確かにそうだと言った。

面接室の外では過度に適応的であり続け、面接室の中では怒鳴り泣きわめいていた彼女であったが、このころから面接室での雰囲気はすこし柔らかみをおびてきた。反対に面接室の外での彼女は、完璧主義や感情抑制的な部分が緩んで、職場の同僚に対して毒舌調の冗談などを使って自分の苛立ちを表明することがみられるようになった。面接室の内側と外側を隔てていた分厚い壁が、透過性をもつ膜のような材質に変わったようでもあった。

やがて母親に対して怒鳴りつけている最中にふとわれにかえり「まあ、そこまでは言い過ぎだなと思って」、途中でやめることが増えてきた、と語った。

三　考察

人が最初に獲得するものの見方は主観的な観点である。ここで二種類の主観を想定してみる。ひとつは、それが主観であるという認識を伴わない主観である。これを主観Aとする。二つ目の主観は、それが主観である、という認識を伴う主観である。これを主観Bとする。主観Bは、客観性を伴う主観であり、対して主観Aは主観性と客観性の分化する前段階であり、主観であると同時に潜在的には客観性の前駆体も含んでいる。つまり、AとBの主観は質的に異なるものである。

主観Aは主体が自己愛的、万能的な幻想の世界にある時に抱くものであるのに対して、主観Bは自分の主観とは異なる認識のあり方、思考の様式、外的な事実が存在するということを把握したうえで抱くものである。

このようなことから、主観Aが主観Bに発達していく過程とは、脱錯覚の過程[5]と関係があると考えられる。つまり、母子が一体であるという幻想を抱いていた乳児が、急激な離乳により外傷的に幻滅を体験するのではなくて、漸進的に幻想を脱し個として分離していく過程、そのような過程が進むことを客観性の芽ばえが促進していく。そして同時にまた、分離が客観性の確立を助ける、という相互作用があるのではないかと思う。

モネー‐カイル[4]は認知の発達について論じた文章の中で「(セッションで分析的に重要なものとは)第一に、患者が内界、外界の両方における基盤として、私へ方向づけることであり、第二に、それによって患者が彼の時空システムにおけるすべての対象を認識あるいは誤認できる、真実性の度合いである」と述べている。

分析的なセッションを通して、未だ分化していないあらゆる観点の萌芽を含む患者の主観Aの中に、転移を基盤として方向性と秩序がうまれていく。その中で、すべての対象を実感をもって認識できるよう促すものとして解釈が提供される。その過程において、私たちはしばしば患者のこころに触れ続けることが難しくなり、怒りや憎しみを感じる。そしてある時ついに抱いていた子どもを誤って落としてしまうように、理解することを失敗してしまい患者は幸福な幻想とのずれを認識する。患者にとっては、たいせつに抱いてきた完璧な幻想を喪失してしまうということでもある。

この時に私たちが「彼らが正当であり私たちが間違っているというそれを（事実の確かさということではなく）情緒的に私たちは受け入れなければならない」というあり方で、患者のその〝（たいせつな）幻想の喪失体験〟による傷つきを含めた事態全体を視野に入れて理解することができれば、患者はその〝幻想の喪失〟を外傷的な事態としてではなく脱錯覚過程として体験できるかもしれない。その体験の中で、主観Aの中に自らの主観への客観的批判を伴う主観Bが萌してくると考えられる。

今回提示した臨床素材は、彼女の主観Aと私の主観Aが対立的な膠着状況に陥ってしまってから、私が彼女の訴え「先生は怒っている」「ひどい」などを〝客観的な批判〟として扱うことで私の中に主観Bが回復し、やがて彼女の中に主観Bが芽生えていった、という経過であった。その経過を通して、同じ部屋で同じ時間に会い続けるということは非常に重要であった。脱錯覚過程を通底的に支え続けるのは時間や空間を含む安定的な治療構造であり、それはたとえば〝大黒柱〟ということばで表されるように父性的な要素でもある。

患者がどんなに〝むちゃくちゃだ、ひどい〟と感じるようなことを言ったとしても、それは患者にとっては正当であって、ひどいと感じる私たちが間違っている。そう考えることでマゾキスティックになってしまうのではなくて、彼らがどう正当であるのか、私たちはどう間違っているのか、その中身を知的にも情緒的にも理解しようとするのが精神分析的な治療だと思う。

彼らは脱錯覚過程にうまく入ることができずに、急激な幻滅と激しい傷つきからいっそう頑なに、主観的な世界の自己愛的な城に引きこもってしまっている。治療過程においてかつての幻滅体験が再演された時に、彼らの正当性と私たちの誤りを「（事実の確かさということではなく）情緒的に」私たちが受け入れることができれば、滞っていた脱錯覚過程に足を踏み入れていくことが可能になるかもしれない。

言い方を変えると、抱っこされまどろみながら見ていた夢と、母親の腕から滑り落とされそうになって目覚めた時に見えた風景が違うという、そのことが外傷にならずに〝夢世界とは異なる外的世界が存在しているのだ〟という発見、さらに客観性の芽ばえにつながっていくためには、滑り落とされ体験のショックや傷つきを含めてその体験全体が母親に理解されることと、母親が父親及び父親とのつながりに支えられていることの二点が重要であるということである。

自分の幻想と現実が異なっている、ずれている、差異があるという発見は人のこころに空間、奥行きを産み出す。(2) その空間のなかではじめて情緒的な実感とつながった自分固有の思考というものをしみじみとおもいめぐらすことが可能になるのである。

幻想を喪失する痛みに持ちこたえて脱錯覚過程を進めること、そして思考における客観性を獲得することこそ、パーソナリティ障害の人たちが彼らの人生においてそれまでし損ねてきたことであり、分析的な治療の大きな目標であると言える。つまり、私たちが〝そんなむちゃな、ひどい〟と感じるような事柄こそが治療の鍵となる。そう感じる事柄を「情緒的に」受け入れ、知的に理解しようとし続けることが私たちの仕事だ。そう思い続けている。

文献

（1）津守真・磯部景子：乳幼児精神発達診断法――三歳～七歳まで　大日本図書株式会社　一九六五。

（2）藤山直樹：「私」の危機としての転移／逆転移　氏原寛・成田善弘編：転移／逆転移――臨床の現場から　人文書院　一九九七。

（3）松木邦裕：人格障害とのかかわりでの逆転移・逆転移での共感、憎しみ、そして悲しみ　現代のエスプリ別冊　人格障害　至文堂　一九九七。

（4）Money-Kyrle, R.：Cognitive development. International Journal of Psycho-Analysis 49, 691-698. 1968. 古賀直子訳：認知の発達（対象関係論の基礎）新曜社　二〇〇三。

（5）Winnicott, D. W.：Collected Papers: Trough Paediatrics to Psycho-Analysis. Tavistock, London, 1958. 北山修監訳：小児医学から児童分析へ――ウィニコット臨床論文集　児童分析から精神分析へ――ウィニコット臨床論文集Ⅱ　岩崎学術出版社　一九八九、一九九〇。

対決 四　心身症治療をめぐって

精神分析的心理療法過程と罪悪感——心身症によるイラストレーション

松木　邦裕

一　はじめに

本論考は、心身医学会のシンポジウムに向けた論文をその基底に置いている。ゆえにこれから提示する臨床素材は、広い意味で、少なくとも内科医という視点からは、心身症と呼ぶことができる症例からのものである。しかし、それは精神分析の見方からは、ヒステリーと呼ばれる病態である。

いずれにしても、ある女性患者との私の精神分析的心理療法過程をここに著しているのだが、ここで浮かび上がってくる中心葛藤は、悲哀感、絶望感などの抑うつ不安であり、とりわけ罪悪感である。

それは、この症例が特別にこれらの感情に苦しんでいるとのことではない。神経症、あるいはパーソナリティ障害と呼ばれる非精神病性の病態は、こころの痛み、すなわち抑うつ不安、なかでも罪悪感の苦痛の取り扱いにかかわっているのである。

一人のそうした人との分析的心理治療の展開をここに描き出してみている。

二　臨床素材

(1) 状態像と生活史

四〇代前半の既婚女性Aが精神分析的治療のために、ある心身症センターから紹介されて私のところにやってきた。その主治医は、彼女のパーソナリティに問題があると私への添書で指摘していた。彼女自身も精神分析的治療の必要性を感じていた。

六歳で結核性腹膜炎のために入院したという彼女は一〇代後半からのさまざまな身体症状を病んでいた。彼女の語るところではメニエール病、胃潰瘍、狭心症、発作性頻脈、発熱、顔面神経麻痺、過換気症候群、歯髄炎などを患い、内科、耳鼻科、口腔外科、心療内科等の治療を受け続けてきていた。そして現在もそうした身体症状に苦しむ日々を送っていた。

彼女は私との治療を始める前には、入院を含めて二年ほどの精神分析的心理療法をある心療内科医から受けていた。だがその治療者の転勤のために治療は終わり、前述のセンターから私に向けられたのだった。彼女が私のもとに来たとき、私は週一回なら分析的セッションをもつ時間があった。

こうしてAは私との治療を始めた。私たちは彼女がベッドに横になり思い浮かぶことで語りたいことを語る、いわゆる自由連想を導入した。

(2) 家族背景

彼女が語った家族背景は次のようなものだった。

働き者だが身障者であった穏やかな父親は、癌で彼女の一〇代後半に死亡していた。現在も近くに住む母親は精神病のために入院したことがある配慮を欠いた人ということだった。ふたりの兄のうちひとりは、躁うつ病かてんかんで悲惨な生活を営んでいるように私には聞こえた。

彼女は働いているが、結婚生活はすっかり破綻しているようだった。夫は会社員だが、覚醒剤のため身を持ち崩し彼女に借金を背負わせ、さらには肝炎を患い、糸の切れた凧のように弱々しく世間に漂い、ほとんど家には帰ってこない様子だった。思春期のふたりの子どもは健康なようだった。

(3) 治療経過

私との精神分析的治療の始まりからAは私の理解力を疑り、かなり不満な様子だった。

彼女はこれまで出会ったほとんどの医師が彼女の苦しみをきちんと理解せず、治療者自身の考えを彼女に押し付けて、その結果彼女の身体症状をさらに悪くしてしまうことを語った。そうした話題を私は、治療者としての私に言及していると聞き取った。

それから、私との治療セッションが五〇分に限られていることが、Aにはひどく不満なのだった。

『私が一番話したいところにさしかかろうとしたときに、終わってしまう』と怒った。『前のドクターは、どれだけでも延ばしてくれたのに』と憤懣やるかたない様子だった。彼女が語るには、前の治療者は面接時間を彼女に適わせて延ばしてくれて、一二〇分のときもあったとのことだった。

また、彼女の身体のさまざまな苦しみ、たとえば発熱、頭痛、吐き気、めまい、胸苦しさ、まったく動けないほどの身体の具合い悪さに細かく具体的に対応しないことにもひどく不満だった。『前のドクターは心療内科のドクターだったので身体も診てくれたのに、ドクターはどうして診ないのですか』と私に繰り返し迫った。実際私は、前医と同じ内容の抗不安薬は彼女の求めに応じて出していたが、それ以外は治療も検査も近医で受けるように伝えていた。

さらに私がセッションの時間しかAに対応していないことも、彼女の私への非難の材料だった。彼女自身でさえ、以前の入院中に知り合ったある患者が苦しいから助けに来てくれと夜中に電話してくると、即座にその患者の自宅に行ってあげて、ふらふらになっても朝まで世話してやるのに、母親や夫が困っているときには自分の苦しみを置いて懸命に世話をしているのに、どうして私は面接時間以外はなにもするつもりがないのか。それでは自分を世話してもらっていることにはまったくならない。私にはそうする気がまったくない、と私をとがめ続けた。

そしてこれもその通りだった。私は夕方には病院から自宅に帰っていたし、彼女に私の自宅の電話番号を教えていなかった。だから確かに限られた時間しか連絡さえつかないのだった。

しかしながら、Aの受け止め方と違っているところがあるとするなら、少なくとも私は、セッションの中では彼女を理解し援助しようと懸命に努めていたし、それが彼女との間では望ましい援助のあり方であろうと考え、対応していたことだった。もちろんこのことを彼女に積極的にわからせよう、説得しようと働きかけるつもりは私にはなかった。

私は私の逆転移に感知されている彼女からの強い圧力をそのまま受け止め、知覚し続けながらも、その意味の理解を試み続け、それを行動化しないことが私が治療者として有意義であることになると考えていた。実際のところ彼女は、身体のひどい苦しさをたえず訴えながらも、ほとんど休むことなくまた遅れることなく面接にやってきた。そして私に向かって、『もう、終わりにしましょう』と言うのだった。

この『終わり』は、彼女が納得して終わることではなく、私がもう手に負えないとサジを投げることを意味していた。私が彼女を理解できないのだからこの治療は無駄である、と彼女は強調した。

けれども、こうした私との悲観的な『理解のない』治療関係に平行して、彼女の内的世界も意識的無意識的に私の前に徐々に現し出されてきた。そして、この内的世界を見ていく作業を、彼女は私とともに続けることができた。

彼女が一八歳のころ、父親はがんのために死んだ。母親を始め家族は看病には熱心ではなかったようだった。父親の苦しみながらの最期を熱心に世話したのは彼女だった。しかしながら、彼女は父親が亡くなったあとに強い罪悪感を味わったことを涙ながらに語った。

さらに幼児期を想起した。幼稚園に入るにも至らない齢のころに強い倦怠感や不快感、激しい痛みに彼女は長い間苦しみ続けた。

近くの医院では原因は分からず、彼女は「わけもなくむずがってただをこねる、やっかいな子である」と母親を始めとする周りの人たちから受け止められ、とがめられていた。

苦しみの中に彼女はずっと一人ぼっちだった。

やがて彼女のお腹が膨らみ気を失うことも起こってきた。そしてついにある専門医によって彼女は結核性腹膜炎を患っていることが判明し、それから長期の入院治療を受けたのだが、そのときには彼女は六歳になっていた。

母親はこうした幼い彼女に対して、それは『あなたの業《ごう》だ』と言い続けたのだった。『悪いのは、私自身なんです。私は母親に自分の業を押し付けて苦しめる、いらない子だった』と、彼女は涙を流しながら私との間で語った。

こうした想起にもとづいて、私は彼女の「自分が人を苦しめる」という罪悪感を取り上げていった。そして、彼女がその罪悪感を自己犠牲的に、過剰に世話をすることで償おうとしてきたこととも結びつけていった。

現実外界において彼女は母親、夫そして子どもたち、さらには他の患者の世話に自分自身を没頭させ、みずからの心身を絶えずぎりぎりまで疲弊させていた。彼女は、彼女がかつて犯してきた罪悪のために傷つけた対象を、死ぬまで限りなく世話し続けなければならないかのようだった。それは、地獄において必ず落としてしまう岩を山の頂まで押し上げようとする作業の刑罰を無限に繰り返さねばならないギリシャ神話のなかのコリント王、シジフォスのようだった。

私は、他の人たちは彼女の世話を受けることができるのに彼女には世話をしてくれる人がまったくいない、私も彼女を世話しないと彼女が感じていることを伝えた。彼女は『でも世話しないわけにはいかないでしょう。働かないわけにはいかない』と語気荒く、私の解釈を払いのけようとした。

だが、実際にはゆっくりながら、彼女はこうした自己犠牲を和らげることができ始めているようだった。母親や夫、あるいは病者という周りへの自分の世話の限界を見始めた。

病的に過剰な献身はしだいに減り、ついにはかつてはできなかったことだったが、生活のなかで友人たちと一緒に自分自身を楽しませ始めた。治療開始後まる二年を過ぎたころには，彼女の一年中悪いというさまざまな身体症状はかなりよくなっているようだった。

身体がなんとか自分でやっていけそうになったので治療を終わりたいと彼女は言い出した。それには私が治療を終わると宣言することが必要だ，と彼女は主張した。だが，それとともにいまだこころにひどい苦しみがあることにも彼女は気づいていた。

彼女が夜に寝入ろうとすると恐怖心があふれ出てきそうで，その不安が毎夜の苦しみなのだった。もし彼女がこのこころの奥に閉じ込めている恐怖心を私との間に出してしまうなら，そのときにはどうなってしまうかわからない。だから，それは出せない。私ではその恐怖心に対応できない，と彼女は確信し私にそう言い続けた。

『私には生きている意味がないんです。このままではもうどうにもならないのだし，先生にはなにもできないのだから分析治療は終わりましょう』と，彼女は私に迫った。

私は，彼女が恐怖心にこれほどひどく苦しんでいるにもかかわらず，私が助けようしていない，そこで彼女は一人で苦しむだけであると感じていること，を伝えた。この解釈を彼女は肯定したが，彼女の思いは頑なに主張し続けた。

私はこころの中で，彼女の言うとおり週一回の治療では彼女がコンテインされないのだろうか。もっとセッションを増やさないと，あるいは彼女を入院させないと彼女の恐怖心をコンテインできないのだろうかと考え続けた。

こうした行き詰まり感のただなかで彼女は，私のプライバシーについての彼女の問いに私が答えなかったことを引き金に激しく怒り、その年の終わりには治療を終わるし、もう話をしないと言い出した。そのセッションの中では合意は成り立たなかった。年内はあと一セッションだった。

ところが、その年の最後のセッションの日に面接のキャンセルを彼女は外来受付に伝えてきたのだった。それを伝え聞いて私は、これで治療が終わることになるのだろうかと思いをめぐらした。

そうなるなら、私はかつての母親と同じように、苦しい肝心なところで彼女を拒絶し、彼女を放り落としてしまったことになるだろうと考えた。しかし、実際もう彼女は来ないのかもしれないのだった。

そしてその日に院内を歩いていて、私は彼女にばったり出会ったのである。

『とても苦しくて今日は来れないと思って電話を入れたけど、終わりのあいさつと思って来ました』と彼女は私に告げた。私は治療の終わりが私たちの間で決定されたとは私は思っていないこと、ゆえに年明けても会う必要があると思うことを彼女に伝えた。彼女はなんとか私に同意して、年が明けて三回会うことになった。

年が明けてやって来た彼女は、このしばらくのひどいこころの苦しみを私が理解しなかったし、理解しようとしなかったことにものすごく落胆した、それでやめようと決心したのだと語った。

私は彼女の落胆と怒りを聞き入れ、その上で、悪くて役に立たない私を捨てることは彼女にとって大切なことと理解するが、このまま終わることは彼女には私が彼女を捨てた体験になってしまうことを伝えた。《幼いときのあなたの業の体験の繰り返しになってしまいます》と伝えた。

彼女は私の解釈を聞き取った。彼女は涙をあふれさせながら、今の自分には生きている意味がないこと、そもそも自分は『母親を苦しめる、いらない子』であったことをふたたび語った。さらに、夫や母親に対しては殺したいほどの憎しみがあるが、それを出してもふたりには決して通じない。それを私に向けるわけにもいかない、と付け加えた。

《その憎しみに苦しんだことが、あなたに私との治療を求めさせたのだろうし、憎しみが自然に私に向くのでしょう》と私は伝えた。彼女は『でも、そんなことをしたら、先生は死ぬかもしれませんよ』とはっきり言った。私は《そうですね。……そして、死なないかもしれません》と付け加えた。それを彼女は穏やかに聞いたのだった。

こうして治療の中断は避けられた。そして、私たちは、彼女が意識的には自分には生きている意味がないと感じ続けていたのだが、その本質にあるのは『母親には、自分は苦しめるだけの、いらない子なのだ』という絶望感と罪悪感であることをはっきりと見出した。私はその絶望感や罪悪感を取り上げていくことができるようになった。

しかしながら、この強烈な絶望感は、自分は無なんだ、いらない子なんだという感情にたえられなくなってしまいそうな呑み込まれそうな恐怖も彼女にもたらしていた。この恐怖が毎晩眠ろうとするときに出て来るものなのだった。

『この苦しさをこころでは受け止めきれず、身体の症状で出していたと思う』とは彼女は言ったものの、いまだまったく耐え難いもののようだった。この絶望感と恐怖を私たちは、彼女が二歳のころ誰かに砂浜から沖に連れて行かれ、突然に『見放すよ』と言われたいわれなき脅かしとそのときの恐怖とも関連づけた。

さらに彼女は自分の周りの人たちへの世話が偽善であるとの罪悪感をこころのどこかに持ち続けていたことも語った。それが父親の死に際して彼女を苦しめたのだった。

いまや私との間では、彼女は偽善を装う必要はまったくなかった。絶望感や恐怖心に適切に対応していない私への彼女にとって正当な怒りが徐々に表わし出されてきた。

『ここで私が泣いても、先生が涙を拭いてくれるわけでもない』、『たしかに私は海で泳げるけど、私はそこから救い上げてほしい。それなのに先生は横にいてガンバレと言うだけだ』と泣きながら私を非難していった。

そして、彼女に想起できたことは、実は母親こそが結核であったことだった。その結核が母親から彼女に移ったというとてもありえたであろうことの可能性にここで彼女は初めて気づくことができた。

彼女の結核性腹膜炎は彼女の『業』ではなかったのだった。しかし母親はこのことにまったく目を向けず、『業』と彼女を責めたし、彼女はそのいわれなき脅かしをこころの内に抱え込んでいたのだった。

こうして私は、いらない子として彼女を「見捨てた母親」から「見捨てようとしている母親」へと変わってきたのだった。

彼女の自分では抱えようのなかった『業』のいわれなき脅かしは、彼女の正当な怒り、不安として私との間に展開してきた。母親／私の抱え方が厳しく問われているのだった。

ようやく彼女は私を転移対象[2]として使用する[4]ようになったのである。

三　討論

ここで私は、こころ／パーソナリティのみにアプローチしていく精神分析的治療のひとつの経過を描き出してみた。

その過程に沿いながら、患者Aの多彩で切れ間のなかった身体症状が軽減したこと、自己犠牲／自己懲罰をもたらしていた彼女の厳しすぎる倫理観が変化していったこと、それから対人関係やライフ・スタイルが過酷な罪悪感に支配されすぎず、楽しみを味わえる穏やかな広がりをもち始めたこと、そしてさらには、『生きている意味がない』、『自分は無なんだ』との実存の問いに思えた苦悩の精神分析的理解もいくらかは表し出せたかと思う。

蛇足であろうことと単純化し過ぎてしまうことをいとわずに述べてみるなら、この患者Aのこころのダイナミックスは以下のように公式化できるだろう。

幼児期に母親との間に「押し付けられた罪悪感（強いられた罪悪感：迫害的罪悪感）[3]」が、強烈な葛藤や不安の源泉として形作られた。この罪悪の感情が彼女の内的世界／発達していくパーソナリティを支配していた。

その結果、

(1) その罪悪感を押し付けてくる内的母親が外界対象や内的対象群に投影されたとき、その感情は押し潰そうとしてくる社会体制や過度に冷酷な道徳として体験された（彼女は若いころから反体制派社会活動に熱心であった）。

(2) その罪悪感情に自我がすっかり圧倒されてしまったとき、その絶望の実感は、「生きる意味がない」や「自分は無」といった実存的な表現を使って語られた。

(3) 罪悪感情への強力な防衛としての「過剰な償いの衝動」が彼女を動かしたが、これが心身の苛酷な活動と極度の疲弊をもたらし続けた。その結果、罪悪感は償い行為によってこころから排泄されたところで、ここで生じてきたさまざまな身体症状のみが彼女自身の苦しみとされてきた。

これら三つの方向へと、こころのベクトルは展開していったのである。

彼女の私との治療過程は、彼女を動かし続けてきた見えない罪悪感が見えるようになっていく過程であった。それが治療者、患者の双方にいかに重たい苦痛をともなうものでもあったかは、述べてきた経過に知ることができるであろう。しかしこのことは彼女のかつての体験が彼女のなかに生き続けており、それゆえに生きている出来事として私と彼女の間に現れてくる以上は、起こることなのである。

私たちは治療者として、私たちをからめとってくる転移のなかを生き、その体験をことばに入れた解釈を伝え、そこで姿を現してきた生きている罪悪感に触れていく。

この過程が、私たちが精神分析という方法を通して、避けることも偽ることもなく成し遂げていくことのひとつである。

（出典：分析臨床での発見　岩崎学術出版社　二〇〇二）

文　献

（1）松本邦裕：標準型精神分析療法　末松弘行編：新版心身医学　朝倉書店　一九九四。
（2）松木邦裕：臨床報告――転移にからめとられること　牛島定信・北山修編：ウィニコットの遊びとその概念　岩崎学術出版社　一九九五。
（3）松木邦裕：対象関係論を学ぶ　岩崎学術出版社　一九九六。
（4）Winnicott, D.W.：The use of an object and relating through identiacation. 1969. 橋本雅雄訳：対象の使用と同一視を通して関係すること　遊ぶことと現実　岩崎学術出版社　一九七九。

心身症に対する精神分析的アプローチに関する一考察

岡田　暁宜

一　序文に向けて

本書のタイトルは刺激的である。私が本企画への参加を決めたのは、松木先生に対する私なりの思いがあるからである。それに触れることで、本論文の内容に一つの文脈を与えることになるだろう。私が初めて『精神分析研究』誌に掲載された論文は「研修症例」である(9)。その前の学会発表を含めて、松木先生から誌面でもコメントをいただいた(6)。そこでの松木先生との対話がその後の私に影響を与えているのは間違いない。私的な回想から入れば、開業医の家に生まれた私は医師になって最初に心療内科に進んだ。そこで心身医学を学ぶうちに、精神分析と出会い、心身医学から離れて精神分析に傾倒していった。その後、私は松木先生が私の先を歩いておられることを知った。その頃より私は松木先生にどこかで親近感を抱いている。

本書は松木先生の論文を一つ選んで、それと同じテーマで異なる趣旨のオリジナルな論文を書くことを目的にしている。どの論文を選ぶかは、執筆者の自由であり、そこには執筆者なりの思いが込められているであろう。私が選んだ論文は、松木先生と共有できる歴史である心身症治療をテーマにした「精神分析的心理療法過程と罪悪感――心身症によるイラストレーション」という論文（以下、松木論文）である。(7) この論文は、松木先生が第三六回日本心身医学会総会シンポジウム（一九九五年六月二四日、於東京）で発表した内容を改訂したものである。(4) 現在、私はその時の松木先生の年齢にある。

本書のサブタイトルである〝精神分析的対論〟とは、精神分析的対話の一部である。精神分析的対話とは、二つの主体の間で繰り広げられる意識的‐無意識的交流であり、同時にそれぞれの主体における意識と無意識の交流でもある。本書のタイトルにある〝対決（confrontation）〟とは、それと相対して決着をつけるという意味の他にそれと向き合うという意味もある。本論文を介した松木先生との対話を通じて、私は私の中にある何か、と向き合うことになるだろう。

二　序　文

臨床的に心身症と呼ばれる病態はさまざまである。狭義の心身症はその形成および経過に心理社会的要因をもつ身体疾患である。広義の心身症は身体疾患に対する心理的反応や身体症状を呈する精神疾患が含まれている。(10) 松木論文で扱っている心身症は、ヒステリーの病態であり、広義の心身症に位置づけられるだろう。松木は別の論文で心身症の理解として、精神‐身体病（psycho-somatics）と身体‐精神病（somato-psychosis）という概念を展開している。(5) 前者はこころが象徴機能を介して身体と連結する病態で、抑うつポジションが主な心的コンステレーションであり、後者はこころと身体の象徴的な連結はなく、こころが具象的に身体に表現されている病態で、妄想‐分裂ポジションが主な心的コンステレーションであるという。この見方は、基本的にこころから身体を捉えている。

松木論文では、身体症状を呈する心身症の病態に対して正面から精神分析的心理療法を実践し、発生的な理解を元にして、身体症状の背後に潜む罪悪感を正面から扱っている。治療設定としては、面接は五〇分週一回で、寝椅子と自由連想法を用いている。松木の治療態度は、治療者と患者の間で起きる現象を通じて、患者のこころを分析する誠実な態度であり、まさに精神分析の王道と言えるだろう。

これに対して、精神分析的視点に立って、心身症の病態に対して身体からこころを捉える見方やアプローチの可能性もある。たとえば、身体や身体疾患を客観的現実と捉えて、それに対する患者の無意識レベルでの反応を扱う見方や身体的アプローチに対する患者の無意識的体験を扱うことである。このような治療は、主に力動心身医学や力動精神医学において発展していったと思われるが、その中にも精神分析の重要な要素はあると思われる。次にひとつの症例を提示する。

症　例

患者は五〇代後半の女性Bで、呼吸困難のために、家族に付き添われて、ある総合病院の時間外外来を受診した。そこでBは気管支喘息と診断されて、吸入療法と点滴治療を受けた。症状はすぐに軽減し、Bはそのまま帰宅した。ところが数日後、Bは再び喘息発作のために、夜間帯に同病院を受診した。重積発作には至らないまでも、呼吸不全があり、筆者（以下、治療者）はBを緊急入院させた。(注1) 入院当初、Bはナースステーションの近くの急性期用の個室

(注1) 当時、筆者は、摂食障害、機能性胃腸障害、過敏性大腸、気管支喘息などの狭義の身体疾患の他にうつ病、神経症などの広義の心身症に対して心身医療を行いながら、同時に一般内科診療も行っていた。

に入室した。治療者は一日に何度も診察をして、マスクによる酸素吸入、ネブライザー吸入、点滴治療など、必要な内科的治療を行った。その都度Bは「ご迷惑をお掛けしてすみません」などと苦しそうに語った。治療者は〈大丈夫ですよ〉などことばをかけると、Bは少し安心したようであった。入院後の内科治療に対する反応は比較的良好で、一週間を過ぎた頃には、酸素吸入をマスクから経鼻にすることができた。

急性期を過ぎると、ベッドサイドでBは治療者と長く話ができるようになった。身体診察時のBとの症状をめぐる診察を通じて、Bは徐々に自分のことを話すようになった。Bは自分の話を聞いてもらいたいと思っているように治療者には感じられた。次第に内科診察はベッドサイドでの心理面接へと移行していった(注2)。

Bは最近まで喘息発作を起こしたことはなく、アレルギー疾患の既往歴も家族歴もなく、Bの喘息は、成人型で非アトピー型であると診断された。Bは日常生活および対人関係などでストレスを特に感じていないという。Bは「どうして自分がこんな病気になったのかわからない」と不思議がっていた。Bは田舎町でふたり姉妹の妹として生まれ育った。父親を支えて両親の仲は良かったというが、両親は既に他界していた。Bは高校を卒業した後、年上の夫と結婚し、息子がひとり生まれた。昔から息子との関係もよく、息子は順調に大人になり、就職して、Bの家から巣立っていった。それ以降、Bは夫とふたりで暮らしていた。数年前に息子が結婚した時Bはとても喜んだという。ところがその後、Bの夫が病気で突然他界し、Bはひとりで暮らすことになった。ひとり暮らしの母親をみて、息子夫婦は同居を提案した。Bは迷ったが、息子夫婦の厚意に甘えて同居することにした。やがて息子夫婦に子どもが生まれた。それはBが喘息を発症する一年程前のことであった。Bは息子夫婦との関係もよく、「孫も可愛くて、幸せです」と笑顔で語った。息子夫婦との同居や孫の出生などBの喘息発症の心身相関や笑顔に抑圧された何かを治療者は感じた。

治療者は、聴診によってBの喘息の様子を具体的に把握することができた。特に観察点の多い毎日診察では、呼吸音の微妙な変化を容易に把握することができた。治療者にはBの呼吸音がその時のBの微妙なこころの状態を反映しているように感じられることもあった。特に聴診中にBはしばしば不安そうに治療者を見つめていた。Bは喘息が不安であった治療者には不安が喘息に置き換わっているようにも感じられた。聴診の後に治療者が〈大丈夫ですよ〉と聴診結果を伝えると、Bはほっとする様子を見せた。Bの喘息の不安が治療者の介入によって安心に換わるという治療関係が展開していった。当初のBの安心は、治療者の聴診によって喘息の不安が安心に変わるというものであったが、次第にBは治療者の聴診そのものを安心と感じるようになり、やがて治療者の存在自体を安心と感じるようになった。Bは「そろそろ先生が来るかなって思って、待ってました」などと、治療者が病室に来るのを心待ちにしているようであった。このように毎日行われる内科診察や身体療法は、主に陽性転移を発展させながら治療関係を深化させていった。それに並行してBの喘息は順調に改善していった。これらの改善は身体的治療の成果として理解できるが、精神分析的には、転移性治癒として理解することができた。入院後二週間が経過した頃、Bはナースステーションから離れた個室に移動することになった。

＊

（注2）内科病棟では、医師が患者の病室に訪問し、ベッドサイドで診察することが多く、当時、心療内科医であった筆者は、その治療習慣に従って、病室を訪問し、ベッドサイドで心理面接を行っていた。身体疾患が安定していない場合には、大抵は身体的診察の後に臥位で心理面接を行っていた。病状が不安定で重度の身体疾患の患者に対して身体医が毎日診察することは当然の行為であり、その治療文化の中で、当時の私は担当した入院患者には、基本的に毎日診察を行うことにしていた。中でも心身症患者には一回三〇分の心理面接を行っていた。ただし治療者の勤務上の都合で、面接開始時間は、曜日によってさまざまであり、〝大体、何時頃から〟という柔的な治療設定にしていた[11]。また治療者が病室に行くと、患者が吸入や点滴や経管栄養をしている時もあり、途中で看護師が検温に来たり、治療者が面接の途中に病棟から呼ばれることもあった。また患者の病状によっては、一日に何度も診察・面接することもあった。

Ｂが病室を移動した後、聴診上、僅かな喘鳴を聴取するようになった。治療者はＢに聴診の所見を伝えたところ、「今まで調子がよかったので、どうしてなのだろう」と不安げな表情を見せた。Ｂは多少呼吸困難を感じる程度であったので、今まで通りの内科的治療を行いながら、心理面接を続けた。ある日のこと、他の患者の緊急入院などがあって、予定の時間よりかなり遅れて治療者はＢの病室を訪れた。既に看護師を通じてＢにその理由は伝わっていた。Ｂは「忙しい中で先生にわざわざ来てもらって申し訳ないです」と語った。治療者は〈ほんとうはこちらの方が申し訳ないと思いますけれど、どうして申し訳ないの？〉と尋ねると「疲れている先生の負担になっているように感じる」とＢは答えた。「先生が忙しい時は、面接はなくてもいいですよ」などと自分の時間を削って、治療者の健康を案じる話に移り、その面接は終わった。

症状は再び安定したので、入院から一カ月が経過した頃、病棟の部屋調整のためにＢは四人部屋に移る話が持ち上がった。治療者が部屋移動のお願いをするとＢはすぐに快諾した。四人部屋には、比較的安定している身体疾患の女性患者が既に入院していた。Ｂはすぐに同室者らと和んで、患者同士の会話も弾んでいるようであった。ただ聴診ではＢが自覚できないほどの僅かな喘鳴を聴取することができたが、しばらくしてそれも消失した。治療者が毎日Ｂの病室を訪れることに対して「先生は病院で生活しているんですね。でも先生が毎日いるから私は安心です」とＢは語った。

治療者がＢの病室に入ると、他の患者が「ほら、先生が来たよ」とＢに声をかけてＢを冷やかすような状況もみられた。それ対してＢは少し照れくさそうであったが、嬉しそうであった。同室の女性患者らの様子からも、Ｂは治療者に性愛転移を向けているように治療者は感じていたが、他方で同室の女性患者らがＢと治療者の関係を微笑ましく感じているようだったので、Ｂの治療者に対する転移には、親子間の〝甘え〟が含まれているように治療者は感じた。

治療者が患者の転移を受容する中で、症状は安定し、入院後六週間目にBは初めて外泊することになった。（注3）ところが外泊中、夜間にBの喘息が悪化して、Bは翌朝早くに帰院することになった。家での様子を尋ねると「息子夫婦はよくしてくれたけど、夜に喘息で迷惑をかけて申し訳ないです」とBは語った。家にはBの喘息を再燃させる何かがあると思われたが、治療者にもBにもよくわからないままであった。外泊による症状の再燃と身体療法による症状の安定が繰り返された。それはあたかも心理治療の停滞を身体療法が補っているかのようであった。

＊

Bが入院して一二週が経過した。金曜日の昼過ぎの面接では聴診も面接の様子も穏やかであった。ところが翌日の早朝に治療者はBが急変していると看護師から連絡を受けた。治療者がいつものBの病室に駆けつけるとBはそこにいなかった。看護師に尋ねると、症状が安定していたので、昨夕病室を移ってもらったということであった。Bが移った病室は長期療養病棟であった。治療者がBの病室に到着すると、Bは酸素マスクをつけて苦しそうにしていた。今まで病室の移動については、看護側と話し合って、移動の前には必ず治療者から患者に説明していた。だが今回の移動については、事前に治療者に相談はなかった。治療者は一通りの内科診察を済ませた後、突然、病室が移動になったことを取り上げた。するとBは「もう随分調子がよくなったし、もっと調子の悪い患者さんもいるので、いつまでもあそこにいるのは申し訳ない……」とマスク越しに語った。治療者はその面接を終える頃に、充分に説明をせずにBを移動させた看護側に対して怒りを感じていた。治療者は、患者の病室移動の際には、事前に患者に説明したい

（注3）当時は、現在ほど入院期間の短縮を迫られてはいなかったこともあり、心身症患者に対しては症状が改善した後、余裕をもって退院に向けた外泊を試みていた。

ので必ず相談して欲しいと要望した。

ところがそれが看護師への攻撃と受け止められて、治療者と看護師の関係の悪化という事態を招くことになった。[注4]それをきっかけに、それまで表面化していなかった、他の医師らが感じていた看護師側の患者への対応に関する不満が表面化して医師グループと看護師グループの対立にまで発展した。[注5]これには治療者はかなり困惑したが、結局、病棟全体でスタッフミーティングを行って、双方の立場の理解に向けて歩み寄ることになった。[注6]さらに今回の出来事をきっかけに、心身症や心身相関などに関する勉強会を病棟スタッフに対して行うことになった。いずれにしてもBの病室移動の問題を契機に病棟全体の問題が顕在化したことで、結果的に病棟の作業機能を向上させることにはなった。

＊

今回の病棟での出来事は、Bの心理療法においての大きな転機となった。それまでの治療経過をみても、Bは病室が移動すると喘鳴が僅かに悪化していたが、今回の病室移動が今回の喘息の悪化の誘因と思われた。Bは病気がよくなった自分がまだ病室にいることで、どこかで病院に迷惑をかけているという気持ちを抱いていた。この罪悪感からBは自分はそこから去った方がよいと感じたようであった。それは治療者の中で、Bの喘息発症の契機とも考えられた、息子夫婦との同居や孫の出生などの出来事と今回の喘息悪化が結びついた。治療者の解釈を通じて、Bは今まで息子夫婦の厚意で自分は同居してもらっていると思っていたが、息子夫婦に子どもが生まれたことで、自分が息子夫婦の負担になっていると感じるようになったことが明らかになった。Bは息子夫婦と同居したことで、どこかで自分が邪魔者になる不安を感じていた。つまり息子夫婦に甘えて息子夫婦と同居していたが、本当には息子夫婦に甘えることができなかったのである。

このような洞察を経てBは「本心では息子夫婦と別居させてもらった方が気が楽です」と語った。息子夫婦と別居する方が息子夫婦に甘えられるという。しかしそれについて「自分では言えないので、先生から言ってもらえないだろうか」と語り、「先生に甘えてしまうけど」と付け加えた。治療者は〈大丈夫ですよ〉と答えて、その後、息子夫婦に説明した。息子夫婦はBの気持ちを理解し、Bと別居する方向に向けて進み始めた。入院から五カ月で退院となり、その後Bは外来通院になったが、喘息発作は一度も起こらず、その数カ月後に本治療は終了した。

三　考　察

(1) 心身症の力動性について——気管支喘息について

気管支喘息は、気管支の収縮によって呼吸困難を呈する病態であり、最近では、慢性炎症疾患として考えられているが、心身症としても研究され、その精神力動的要因について論じられている。その中で特にアレクサンダーは喘息患者の依存性をめぐる葛藤について述べている[1]。それは口愛的欲求よりも保護されたいというような母性的イメージ

(注4) 筆者は病室移動の手続きについて述べたのであるが、内心では怒りがあったので、今回の病室移動に関わった看護師は感情的な反応をしたのかも知れない。

(注5) 本病棟の他の医師は以前から看護師の仕事の仕方に問題を感じていたが、それについて看護師側となかなか話し合うことができなかったようであった。つまり病棟スタッフグループは、ビオンのいう基底想定グループの集団力動が存在し、作業グループとして機能していなかったと思われる。

(注6) Bの病室移動について言えば、週末の緊急入院に備えて病室を確保したかったし、Bの病状が安定しているので、治療者は了解するだろうというのが看護側の主張であった。これに対して心身症の患者は、繊細なので、丁寧に患者に対応して欲しいというのが治療者の主張であり、それは互いに理解し合える内容であった。

に取り囲まれたいという欲求であるという。よって自分を保護してくれる母親的なものから引き離されることは、患者の喘息発作を促進するという[1]。喘息発作のメカニズムとしては、植物神経反応（vegetative response）として局所性の副交感神経機能亢進が論じられている。

筆者はこれまでの臨床経験から、喘息患者における喘息発作体験は、意識から隔離されており、予測不能で自己制御が困難であるという点において、不安神経症における不安発作体験に類似すると考えている。つまり分離不安が不安発作としてではなく、身体化されたものが喘息発作であると考えられる。よって喘息治療では、患者が安心を体験できることが重要であり、臨床的に喘息発作には、不安発作と同じアプローチが可能である。

本症例の喘息の力動について述べると、「不安だから喘息発作になる」という心身状況は「喘息発作が不安である」という身心状況へと置き換えられていたと言える。このように無意識レベルの心的な不安は、意識レベルの身体的な不安に置き換えられていた。つまり本症例における喘息は心的な不安に対する防衛として機能していたと考えられる。

（2）心身症に対する治療的アプローチ――心身連続体

本症例において、治療者は身体療法（somatotherapy）を通じて患者と関わりながら、徐々に心理療法（psychotherapy）へと移行していった。つまり治療者と患者の交流の場は、身体領域から精神領域へと移行していったと言える。その過程で、治療者の身体的診察の意味は、本来の内科診察としての意味に加えて、患者のこころに触れる接点（精神科診察への入口）としての意味も加わっていった。同様に治療者の聴診器は、本来の〝診断の道具〟という意味に加えて、患者のこころに触れる〝治療の道具〟という意味も加わっていった。その過程は治療者の行為が一義的行為から多義的行為へと移行する過程であり、そこでの治療関係における象徴性の発達が示唆される。

歴史的にフロイトが一八八六年頃にはヒステリー患者を対象に水治療、電気療法、マッサージ、安静療法などの身体療法を行っていたことは有名である。[2] だが精神分析の方法が標準化された現在においては、このことは精神分析の成り立ちの一部としてしか注目されていないかも知れない。本症例の治療において辿った身体療法から心理療法への治療的移行は精神分析の歴史の中にも垣間見ることができる。現在、精神分析的治療の治療者のアプローチを表出と支持の連続体つまり表出的、表出的‐支持的、支持的‐表出的、支持的というスペクトラムとして捉える見方がある。[3] 治療的アプローチを一つの連続体として捉えるならば、心身症に対する治療的アプローチを身体療法と心理療法の連続体として捉えることは可能かも知れない。本症例では、喘息の病状に合わせて、身体療法と心理療法を一つの連続体として治療を進めたと言えるだろう。このように治療的アプローチを身体療法と心理療法の連続体と捉える見方は、こころと身体を二元論的に分けながら、同時にこころと身体のつながりを重視したアプローチと言える。人は罪悪感を感じる時に「胸が痛む」と言うように、こころは感覚的に心臓に象徴され、同時に心臓はこころの動きを反映している。そこではこころと身体は一つの連続体として存在していると言える。

今日の精神分析的臨床では、表出か支持か、あるいはこころか身体かというように、臨床概念の二項対立が葛藤的になることがある。しかし精神分析的治療における二項対立には〝二項対立の脱却に向けた二項対立〟という逆説があると思われる。心身症の理解には、こころ→身体、そして、身体→こころという双方向の力動が常にある。また自我心理学的アプローチでは、意識の表層からという原則があり、身体が患者の意識の表層にあるならば、患者の身体からアプローチするのが精神分析的アプローチと言えるだろう。そしてこころからか、それとも身体からかという二項対立を乗り越える過程が精神分析的アプローチでは重要と思われる。

治療構造の視点からみれば、本症例において治療者は、身体療法の管理医でもあるので、本治療は身体療法医と精神療法医の役割を分ける、いわゆるＡ‐Ｔスプリットという治療設定では行われていない。さらに本治療は身体疾患の入院治療に対する精神分析的アプローチであり、身体症状や病棟をめぐる力動を扱った治療ではあるが、自己洞察を目的とした標準的な精神分析的精神療法ではない。またフロイトがヒステリーや精神神経症の治療を通じて確立した治療態度は、医師としての分別や中立性や受身性である[12]。伝統的な精神分析では、患者の身体への接触はタブーとされている。よって身体に対して能動的な本治療は精神分析の応用である力動心身医学や力動精神医学における臨床実践と言えるだろう。よって本論文で論じた心身症に対する精神分析的アプローチは、身体からこころまで幅広い視点で患者を診る心療内科医や総合内科医において有用かも知れない。

（3）毎日面接について

本症例の治療は五カ月間の入院治療であり、その間、柔構造のもとでベッドサイドにおいて、毎日面接が行われた。入院初期や喘息悪化時には、治療者は一日に複数回にわたって患者の病室を訪れた。歴史的にもフロイトは一九八九年五月から夏にかけて行ったエミー・フォン・Ｎ夫人の治療において一日に複数回のセッションをもっていたようである[2]。このような治療態度は、症状悪化に伴う身体的不安やそれに伴う依存欲求を現実レベルで満たすことになったと考えられる。また入院中の毎日面接は、濃密な対人交流に加えて、治療者と同じ場所で生活するという共在体験を患者にもたらしたと思われる。このような治療は、外来精神療法のみならず、精神科入院治療でさえも、今日では標準的な治療とは言えないだろう。

今日、治療者と患者が毎日会うという唯一の臨床実践は、毎日分析（国際基準に沿った精神分析）だけである。よって本症例で行った毎日面接という治療の中に、一つの精神分析の要素を見出すことができる。だが精神分析のように寝椅子を使用して一回五〇分という厳密な治療構造ではなく、ベッドサイドで対面一回三〇分で行われているという点において本治療は精神分析とは根本的に異なると言える。また精神分析のように患者の無意識の表出や洞察を目指したものではなく、現実的な対人関係交流を治療同盟の形成につなげた症状の改善を目指しているという点で精神分析とは根本的に異なると言える。

（4）心身症治療における退行と転移

精神分析的治療では、無意識内容の表出過程で抵抗が生じて患者は退行する。精神‐性的発達段階で形成された固着にまで患者は退行する。その退行過程が治療的な意味をもてば、治療的退行と考えることができる。シュールは人間はそもそも容易に身体化し、心身症者では、葛藤に対する反応として自我の退行により心身の発達を逆行して、初期の発達段階の身体表出を起こす過程を再身体化（resomatization）として概念化している[13]。よって臨床的には心身症という退行状態に治療者がどのように関わるかが重要になる。

小此木は精神分析における心身症の問題は、いわゆる心因性の問題ではなく、心身（psycho-soma）あるいは身心（somato-psycho）の時間的発達過程の病態化あるいは退行の問題であると述べている[12]。歴史的に患者の退行を積極的に取り入れた治療としては、西園の依存的薬物精神療法（anaclitic pharmaco-psychotherapy）が有名である[8]。その主な治療機序は、薬剤によって口愛期退行を引き起こし、退行から回復する過程で口愛期葛藤が安定するというものである。この治療は精神療法過程における依存状況（anaclitic situation）の治療的意義を示している。本論文で示した身体療法を介した治療初期あるいは症状悪化時の治療者の関わりは、先述のような保護されたいという患者の願望を現実レベルで充足させるという意味があったと考えられる。つまり本治療過程を退行という視点で考えると、病的退行から治療的退行へという意味の変遷があったと考えられる。

次に本症例で展開した転移とその取り扱いについて触れる。本治療は一貫して気管支喘息という身体病をめぐる医師‐患者関係が治療関係の基盤にあった。そこでは医師に対する権威と依存などの陽性転移が治療者に向けられていたと思われる。転移の取り扱いとしては、陽性転移の受容による支持的アプローチが主であり、転移解釈による転移のワークスルーという表出的アプローチはあまり行われていない。本治療で最も表出的に作用したのは、患者の病室移動の際に病棟に転移された〝追い出される不安〟の洞察とその背後にあった息子夫婦との関係における不安の洞察であり、それらは心身症からの脱却に向けた一つの治療転機となった。転移解釈としては、病室などの場所に向けられた転移外解釈が主であったと言える。

四　まとめ

本論文で提示した症例の治療経過にみられる〝身体からこころへの移行〟は、フロイトの臨床においても垣間見ることができる。これは心身医学から精神分析への移行であり、松木先生や筆者の辿った道にもその変遷がある。松木論文では、五〇分週一回で寝椅子と自由連想を用いて、治療者‐患者関係の中で、患者の無意識を転移を中心に扱っているのに対して、本論文では、三〇分週六回でベッドサイドの対面で自由対話を用いて、身体から病棟に至る幅広い関係の中で、患者の前意識を転移外を中心に扱っていると言える。この違いは治療構造の視点からみれば、〝深く少ない〟かかわりと〝浅く多い〟かかわりの違いとも言えるだろう。また松木論文では、こころから身体を捉えているのに対して、本論文では身体からこころに向けてアプローチしながら、身体とこころの相互の力動を扱っていると言える。松木論文と本論文の臨床素材は広義の心身症と狭義の心身症という病態の違いはあるにせよ、心身症に対する理解と治療的アプローチは大きく異なる。しかしながら松木論文と本論文は、臨床的には相互に補完し合うものであると筆者は考えている。

五　まとめを終えて

本論文において、私は心身症に対する、松木論文とは異なるアプローチについて論じた。よって本書の目的である松木先生との対決はある程度できたかも知れない。冒頭で述べたように、私は松木先生との対決を考えながら、松木先生と共有できるものを考えていた。実際に本症例を経験した後、私は松木先生と同じ精神分析の道を本格的に歩み始めた。

本症例は、筆者にとって、治療者として初期の臨床経験であり、若さが感じられる。本症例は私にとっていろいろな意味でこころに残る貴重な臨床経験であったが、標準的な精神分析的精神療法ではないので、これまで学会などに発表する機会に恵まれず、ずっとこころ残りであった。今回、本書を通じて、私のこころの中の光の当たらなかったものに光を当てることができて、古いものに触れた懐かしさと新しいものを発見した喜びを感じている。この体験こそ精神分析的対話の体験ではないだろうか。

最後に、本書には松木先生の還暦の祝いという隠されたテーマがある。松木先生の還暦の祝いとして、松木先生と対決するという姿勢の中に松木先生への〝甘え〟が感じられる。後進から著作を掘り起こされて、批判を含めてさまざまな学術研究の素材にされることは、精神分析の創始者であるフロイトの運命である。その意味において、松木先生はフロイトと同じ運命にあるということを、還暦の祝いの言葉として、松木先生に捧げたいと思う。

本稿の一部は、第一回（通算第二九回）東海こころのケア研究会（於名古屋）（二〇一一年九月一五日）において発表した。

文献

（1）Alexander, F.：Psychosomatic Medicine-Its Principles and Applications. New York, Norton, 1950. 末松弘行監訳：心身医学　学樹書院　一九九七。
（2）Freud, S. and Breuer, J.：Studies on Hysteria. S.E. 2, 1895.
（3）Gabbard, G. O.：Psychodynamic Psychiatry in Clinical Practice--The DSM-IV Edition. American Psychiatric Publishing, Inc., 1994. 権成鉉訳：精神力動的精神医学①――理論編・その臨床実践［DSM-IV版］　岩崎学術出版社　一九九八。
（4）松木邦裕：心身症に対する精神分析的精神療法――その意義をさがして　心身医学　三六巻六三―六八頁　一九九六。
（5）松木邦裕・小宮豊：心身症の精神分析的精神療法　精神療法　二二巻二六一―二六七頁　一九九六。
（6）松木邦裕：見つけ出された適切な理論は、たいてい逆転移感情に支配されてもいること　精神分析研究　四五巻四四一―四四二頁　二〇〇一。
（7）松木邦裕：分析臨床での発見――転移・解釈・罪悪感　岩崎学術出版社　二〇〇二。
（8）西園昌久：薬物精神療法　医学書院　一九六七。
（9）岡田暁宜：スキゾイド女性の性愛と逆転移――沈黙の中で　精神分析研究　四五巻四三五―四四〇頁　二〇〇一。
（10）岡田暁宜：心身症の心理療法　成田善弘編著：心理療法の実践――臨床心理学の実践1　一一九―一三六頁　北樹出版　二〇〇四。
（11）岡野憲一郎：治療的柔構造――心理療法の諸理論と実践との架け橋　岩崎学術出版社　二〇〇八。
（12）小此木敬吾：精神分析の臨床的課題　金剛出版　一九八五。
（13）Schur, M.：Comments on the metapsychology of somatization. Psychoanalytic Study of the Child 10, 119-164. 1955.

対決 五　退行をめぐって

退行と転移

松木　邦裕

本論考では《退行》と《転移》が「精神分析治療セッティングのなかでの同じ現象に対しての異なった視点からの概念化による記述」にすぎないことを指摘している。

しかしこの概念化の違いが、分析治療においては決定的な技法上の相違をもたらす。

なぜなら《退行》という概念は、（「発達上での過去に戻ってしまっている」というように）過去に力点が置かれた（「幼児返り」した）患者（「子ども」）に対して世話をやく治療者（「母親」）という特定の相互関係を必然的に含んでいる。そのため治療者は、子どもとして積極的に依存させようとしたり、あるいは育て上げるための世話をやいたり「抱っこ」したり、という非分析的治療作業に従事していくことになりやすい。

一方《転移》という概念では、（「過去からの内的対象関係が現在に持ち込まれている」というように）現在に力点が置かれている。ゆえに私たちは、現在の転移関係に現われてきた患者の幼児的自己とともに大人の自己も併存していることを知っている。そうであるから私たちは《（転移）解釈》という唯一無二の分析技法を充分に活用できるのである。

このように私たちは治療状況を《転移》という視点から実感することによって分析治療を進めることができるのであるが、《退行》のみではそれができない。治療は分析治療から離れやすくなってしまう。ゆえに私たちは《退行》という視点に立ったとき、同時に《転移》という視点も保持していくこと、すなわち両眼視しておくことでのみ、解釈を技法とする分析治療を維持し、その目的を達成できる。

本論考では《退行》という概念の有用性に批判的な検討を加えている。より厳密に述べるなら、分析的治療のなかで患者に生起している或る現象に《退行》という概念が分析家によってあてはめられること[注1]で派生してくる分析治療における限界面を明確にすることを試みている。この《退行》概念批判は必然的に《転移》概念と連動する。ゆえに《退行》と《転移》の関連性の検討から進めていきたい。

まず本論考の前提として、ストレイチーと「精神分析における治療機序についての考え」を共有することを明記しておきたい。それは「分析治療での改善は、みずからの内界状況についての洞察によってもたらされるものであり、その洞察は転移解釈によってもたらされる」との考えである。[注2]この「転移解釈が分析治療での無二の治療技法である」という理解は現在では精神分析家に共有されているもののだが、あえてここに提示してみた。

次に、本論での検討の限界も示しておきたい。

ここでの討論は、個人分析治療セッティングのなかでの治療[注3]という「二者間の相互交流」の範囲内で考察されたものである。つまり私は、多数の人の力動がはたらく入院力動精神医学・力動的集団療法・集団精神療法といった視点は除外している。しかしながら、ここでの検討が本来の精神分析そのものにより近いものを扱っていると私は考えている。

＊

では最初に《退行》と《転移》それぞれについて定義づけをしておこう。

退行について、ここではラプランシュとポンタリスの考えを援用したい。(注4) なぜならそれが《退行》についての精神分析の伝統的な考えをおおよそ網羅していると思えるからである。

退行は、ほとんどの場合、思考の発達、対象関係ならびに行動の構造化の初期の形式への回帰と考えられている。

行程ないしは発達という局面をもつ心的過程の場合、退行はすでに到達されたある地点からそれ以前に位置する地点への逆方向の回帰を示す。〔中略〕時間的意味においては、退行は発達史的連続性を仮定し、発達の初期の段階への主体の回帰を示す。

彼らが解説しているように、フロイトは「退行という概念はどちらかといえば記述的なものである」と指

（注1）いかなる現象でも、ある文字（ことば）がその現象に当てはめられること（概念化）によって、その文字（ことば）自体が含む派生的な意味や限界設定的枠組に彩られてしまう。その結果、現象そのものよりもことばが独り歩きしはじめ、現象自体は不鮮明になってしまうことが少なくない。

（注2）Strachey, J.：The nature of the therapeutic action of psycho-analysis. Int. J. Psychoanal. 15: 127-159, 1934. その洞察をもたらす転移解釈をストレイチーは特別に「変化惹起性解釈」と命名した。精神分析での治療機序に関する討論は、今日でもストレイチーの「変化惹起性解釈」をめぐって展開される。

（注3）すなわち〔外来〕個人精神分析もしくは個人精神分析的心理療法。

（注4）Laplanche, J. et Pontalis, J-B.：Vocabulaire de la Psychoanalyse. Press Universitaire de France, Paris. 村上仁監訳：精神分析用語辞典　みすず書房　一九七七。

摘したが、そこでさらに彼の「(幼児期という) 過去への回帰」という考えを併せると、《退行》とは「その個人が『幼児返り』[注5]と表現されるような過去の機能水準、体験水準に戻ってしまっている状態」についての記述的表現とおおまかにいえるようである。

転移の概念はフロイトが分析治療のなかに思いがけなく見いだして以来、[注6]推敲されつづけてきた。この概念の理解の歴史上ひとつのエポックは、幼い子どもにおける転移の存在と転移分析可能性を討論した『アンナ・フロイト - クライン論争[注7] (一九四一―一九四五)』にあろう。そこでは転移は「過去の現実体験の単純な反復・再現ではなく、その子どもの意識的・無意識的空想と織り混ざりながら過去からの体験の重なりに基づいてかたちづくられた対象群や自己からなる内的世界が、現実外界に表わし出されること」であり、「幼い子どもでも転移は生じている」とクラインらによって結論づけられた。

その後の検索[注8]を踏まえて、私は転移を「過去の内的体験の重なりから、対象関係・情緒・防衛だけでなく内的体験の全体的な状況が、現在の関係のなかに表わし出されてきていること」と定義しておく。

＊

ここで私たちの視点を分析治療セッションに戻したい。

《退行》《転移》はいずれも分析治療セッションのなかで被分析者に起こっていることを記述的に表現したものである。すでに述べた定義づけによると両者は異なった事象を表わしているようなのだが、はたしてそうなのだろうか。

私の臨床体験に基づいて述べてみるなら、それらは共通点を含んでいる。すなわち、《退行》も《転移》もその概念化の結果として異なるニュアンスで記述されているのだが、どちらもセッションのなかに現在と過去が混在している。（注9）しかしながら、むしろこれは逆転してとらえられるべきだろうと思う。つまり「セッションのなかで現在と過去が混在していると理解できる臨床状況を私たちが《退行》とか《転移》とかとよんでいる」とみるほうが妥当だろう。

私はここで、セッションのなかのある現象について「退行という概念からも理解されうるし、転移という概念からも理解されうるだろう」といっているのである。この違いはおもに、私たちの視線が被分析者個人に向けられているのか、それとも分析家と被分析者という二者関係に向けられているのかで出てくる。しかし、その現象が見いだされたときに《退行》と同定されるかそれとも《転移》と同定されるかによって私たちは異なる連想に導かれるし、そこで私たちはあたかも違った現象を見ているかのようにみずからの体験を

（注5）いわば、ある人物が過去の姿（幼児期）に戻っていると見えること。

（注6）Freud, S.: Studies on Hysteria. S.E. 2, 1895, Fragment of an Analysis of a Case of Hysteria. S.E. 7, 1905. フロイトが述べた「転移」を検討するには、論文「あるヒステリー患者の分析の断片」（症例ドラ）は欠かせない。しかし、そこでの転移についての記述は、フロイトにとっても転移理解の道程の一里塚にすぎなかったことを忘れてはならない。

（注7）King, P., Steiner, R. (ed.): The Freud-Klein Controversies 1941-45. Routledge, London. 1991. この二人の編著によって「論争」の記録が収録されている。ちなみに、パール・キングはインディペンデント・グループ、リカルド・スタイナーはクライン派に属している。

（注8）Klein, M.: The origins of transference. Int. J. Psychoanal. 33. 舘哲朗訳：転移の起源：メラニー・クライン著作集4 誠信書房 一九八五、Joseph, B.: Transference: The total situation. In, Melanie Klein Today, Vol. 2. The Institute of Psycho-Analysis, London. 1985.

（注9）もしくは、現在に過去が共存している臨床状況を伝えている。

概念化し構造化していく。(注10)

ここで注目しないわけにいかないのは、私たちの視点が《退行》と《転移》のどちらに置かれるかによって、見えてくるものが限局されたり異なってくることである。

まず《退行》という視点からみてみよう。

現在の分析セッションのなかで起こっていることは「被分析者が過去のある発達地点に戻ってしまっている」と理解される。たとえば、ある患者の子どもっぽい口調やことば・ふるまいは「幼児返りしている（過去の幼児のときに戻ってしまっている）」と理解される。すなわち、分析治療での今が過去になっている（現在＜過去）と見えてくることになる。(注11)

次に《転移》という視点からみてみよう。

分析セッションのなかで起こっていることは「現在のなかに過去が持ち込まれている」と理解される。《退行》ではその重点が過去に移っているのに対して《転移》での重点は現在にある（現在≧過去）のである。たとえばある患者の子どもっぽい言動は「その人の幼児的自己（部分）が現在の分析状況に持ち出され優勢になっている」と理解される。

さらにここで分析的治療という観点に立ってみると、《退行》と《転移》というそれぞれの視点から必然的に派生してくる治療介入に大きな隔たりが生じてくることが明らかになってくる。

《退行》という視点に立つと、私たちが患者に向ける対応での〈世話／介護〉という側面が大きくなってくる。患者は過去に戻っている。そうであるから私たちは、患者が過去から現在により健康なかたちで戻っていくようにはたらきかけていくことになる。それは「退行した人物を育て上げる」もしくは「育て直す」

といったニュアンスを含むはたらきかけである。まえに挙げた例では、その患者は幼児返りしているのだから、いってみれば私たちは「大人として世話を焼くこと・養育すること」がそこで可能な対応として浮かび上がってくる。(注12)

ところが《転移》という視点に立つと、私たちが患者にできることはもちろん〈転移解釈〉である。患者は過去を持ち込んでいる。まえに挙げた例では、患者が「幼児の自己」を出現させているのだから、そのことを、彼のなかに共存している「大人の自己」に目を向けながら解釈するのである。そうして治療者の解釈からの理解に基づいて、患者自身がみずから「自己の幼児部分」に対応していく機会を得ることになる。

さて、このあたりでひとつの結論に行き着いたようである。

分析的治療を行なっているなら、私たちは《転移》という視点をもつことで、分析でのもっとも有効かつ唯一の治療技法である〈転移解釈〉のはたらきかけをすることができるが、《退行》という視点では、おおかた非分析的な治療技法になりやすいのである。(注13) すなわち、分析的な治療では《退行》概念は治療上本質的

(注10) 私たちの精神分析臨床での理解の岐路がここにある。極論にすぎるのだが、治療者が「構造論」に立って見るか、「対象関係論」に立って見るかが、この岐路の通り過ぎ方に影響していることもありうる。

(注11) このことは次に述べるように、治療での関与に大きな影響を暗黙のうちに（そして必然的に）与えている。

(注12) ここには必然的に〈親子関係モデル〉（とりわけ「世話を焼く大人と世話を受ける依存すべき幼児」）として治療者／患者を規定してしまう見方が入り込む。そして、その見方に限定されることになりやすい。

(注13) 世話・養育に携わること。私がここでは精神分析治療を語っているのであって、精神科治療や病者の療育を語っているのではないことは、くれぐれもわかっていただきたい。広い臨床活動での世話や療育そのものを批判しているのではない。そうした役割を担う臨床従事者が必要なことも確かである。

な貢献をもたらし難く、一方《転移》概念が実りを授けてくれる。

私の考えを臨床素材を通して描き出してみたい。

＊

三〇代前半の既婚女性Aが分析的な治療を勧められて私のもとにやってきたのは、彼女が職場の年上の既婚男性との恋愛から情緒の著しい動揺をきたし、心身の混乱状態(注14)のため某病院の心療内科での短期入院治療を受けたあとだった。実際、嘔吐・下痢・腹痛・身体痛などいくつかの身体症状と衰弱があって入院したのだし、自殺企図・もうろう状態をともなう激しい情動興奮も起こっていた。

紹介されて初めてやってきたときに彼女が訴えたのは「手が震える。心臓がドキドキする。いつも同じふうに失敗してしまう。いつも寂しい気持がある」ことだった。そして初対面の彼女から私に伝わってくるものは、いってみれば「秘められた情緒の激しさ」だった(注15)。

私は彼女を受け入れ、週に一日ではあるが、病院外来での精神分析的精神療法を始めた。開始後三〇セッションで臥位のセッティングが導入され、三八セッション頃には彼女は薬物（抗不安剤）を求めなくなった。それ以降、治療構造に変化はない。

【経　過】

出会いのときから、彼女の不安が「治療者が自分を拒絶するのではないか」と怯えているところにあるのは明らかだった。ゆえにその不安を私は「まえの治療者からの私への紹介自体がすでに彼女には『その治療者に捨てられた』と感じられている」ことと関連づけて解釈した。彼女は私の解釈を肯定し「まえの治療者との別れ際に、彼から拒絶と軽蔑のことばを向けられた」と語り継いでいった。さらに彼女は「幼いころ両親が離婚し、母親が彼女を連れて家を出た」こと、そして「そのあとすぐ母親は一人でどこかに働きに行ってしまい、幼い彼女は山に住む祖母のもとに独り残された」ことを想起していった。

それからの数セッションで彼女が語ったことをまとめてみる。

その後、母親は再婚し、彼女は母親のもとに呼び戻されたが、その新しい夫婦は夕方には二人で遊びに出かけ、彼女は家に独り寂しく取り残された。彼女は学校生活をとてもまじめに送り、高校を卒業後ある専門学校に入学したが、その直後、継父の突然の病のため通学を断念した。働きはじめた彼女はその一年後、年齢が隔たった現在の夫と恋愛結婚した。そしていまは母親・継父・夫・ふたりの子どもたちとともに暮らしているが、私との治療を始める約二年前にある男性との恋愛が始まった。やがて、そ

（注14）このケースを、心身症、身体化障害、ヒステリー、ボーダーライン・パーソナリティなど何と診断名をつけるかには私は重きを置かない。私のなかで問われるべきことは「いったい、この人はどんな人なのか？」である。

（注15）それが前治療者が彼女を私に紹介した理由のひとつでもありそうだった。逆転移の感覚が見立てや取り扱いに影響を及ぼすことのひとつの例でもあろう。

の間柄の不安定さと心身の症状も始まったのである。

治療を初めてからこの一年ほどのあいだに、彼女は次のようなことを理解しはじめていた。今回の一連のエピソードは、つきあっている男性と結ばれることができない不安がその引金になってはいたが、それは、母親の離婚で彼女が父親から引き離され、さらに母親も去って寂しく独りに置かれ、その後もなじめない継父と母親にも取り残されてしまった自分が、「実父に好かれていたことを確かめたい」という気持を無意識に現実生活のなかで行動化していた。

もちろんその理解は、私とのあいだに転移された不安や対象関係と結びつけた私の解釈を介在して展開されていった。たとえば「思い出のなかの実父の大きな身体とつきあっている男性の大きな身体、その男性の製造作業中の白衣姿と私や前治療者の白衣姿が、彼女のなかで重なって体験されている」ことを語り、私の解釈を肯定した。

このように自分自身の内的世界についての理解は着実に深まっていたが、私との面接のなかでの緊張も高まってきた。そしてさらに、その日の面接を時間どおりに終えることも難しくなっていった。ずるずると延びてしまいそうだった。それは、彼女は自分のなかの耐えられない寂しさを意識化しはじめたのだが「傷となっている寂しさを癒し安らぎを得るには、私に抱きとめてもらうことしかない」と考え、それを私に要求してきたからだった。

彼女は『抱いてくれないなら、わたしはどうなってしまうかわからない。もう生きていけない』と、ベッドの上で激しく泣きだし、涙ながらに私に訴えつづけた。『抱きしめてくれたならわたしは安心できるのに、どうしてそれをしてくれないんですか』と私に腹を立てた。『このままではもう、この次に来れるかどうかわからない』と泣きながら叫んだ。あるセッションでは、突然ベッドから起き上がると同時に、椅子に座っている私の膝にすがりついてきた。そして小さな子どものように泣いた。

あるときには、彼と争って割れたコップを手の甲に刺し縫合した傷を作ってやってきた。

幼いころ、母親に戻ってきてほしくて「火傷をした」と嘘をついた。でも今度は嘘じゃありません。わたしはほんとうに傷を負ったんです。このままなら、もっと激しいどんなことをするか、自分でもわかりません。

と泣き叫び、ふたたび私の膝にすがりついてきた。

私はすさまじいプレッシャーのもとにいた。彼女はいまや理性をなくしてしまって、ただ親に抱かれることだけを求めている子どものようだった。「幼いころ癒されなかった傷を私とのあいだで癒したい」と必死だった。その情熱は着実に私を追い込んでいた。ここで私にできることはとりあえず、いまの彼女の不安をおさめることだけのようであり、それは彼女の要求を受け入れる（私が彼女を抱きとめる）ことか、その象徴的なかたちとして入院させることでしか為し遂げられないかのように思えた。

いまや私は、分析家として彼女をコンテイニング（注16）しつづけるか、それとも具体的に抱っこするかの選択を火急に迫られていた。そして「もはや後者しか選べない」と彼女は伝えつづけていた。

【あるセッション（四五）】

時間どおりにやってきた彼女は、挨拶のあといつものようにベッドに横たわった。

そしてそのまま、なにも語り出さなかった。

しばらくして彼女は起き上がった。私のほうに歩みを進め、私を通り過ぎ、座っている私の背後の窓際にたたずんだ。窓の外を眺めながら彼女は語りはじめた。

父や母と別れて、山に独り住む祖母のもとに預けられていたころ、あるとき母の姉夫婦がやってきました。その叔父はアル中で、そのときも酒を飲んで大暴れしたのです。彼は凶暴に鏡を叩き割り、そのガラスの破片がわたしに降りかかりました。酔い狂った叔父はわたしに襲いかかってきました。わたしを追いかけてきました。わたしは助けを求めて必死で逃げ回ったのですが救いは得られなくて、あまりの恐ろしさに「殺される」と感じました。

それ以来、殺されることが実感になってしまったんです。その恐ろしさから、わたしは人にこころが開かなくなってしまいました。夫が酔ってガラスを割ったときから夫にこころを許せなくなってしまったし、現在の恋人のばあいもそう。

私は次のように伝えた。

あなたは「いまわたしといるのだけれど独りぼっちで寂しい」という気持を示そうとしているのでしょう。あなたがわたしの後ろに立つことで、わたしがあなたを見ることができない体験をすることから、独りでいることの寂しさをわたしに実感させ示そうとしているのでしょう。

彼女はちょっと間を置いたあと、微笑んでうなずき、しばらくしてベッドに戻り横たわった。だが、身もだえしながら泣きはじめた。涙を流しつづけながら彼女は語っていった。

こうして会っていると、思っていることが言えなくなってしまう。……先生に抱いてもらうことは、ここではいけないことなんでしょう。

私は答えた。

前回の面接のなかで「彼に抱かれてそのあとひどく混乱したこと」をあなたは思い出しました。抱かれることは、あなたにとっては癒されることにならず、新たに独りぼっちに放り出されてしま

（注16）コンテイニングという表現で私は、こころからこころへの、パーソナリティからパーソナリティへの心的水準での対応を表わしている。

う不安をさらに呼ぶことのようです。それはわたしとのあいだでも同じでしょう。実際、この治療の始まりから、いつもあなたは「放り出されて独りにされる不安」を高めてきましたね。

さらに訴えかけるように彼女は答えた。

それはまったくそのとおりです。……でも……わたしはどうしたらいいんですか。わたしはここで小さな子どもでいたい。そして、お父さんに抱きしめてもらいたい。そうすれば、こころが癒されると思う。

彼女はさめざめと泣いた。それからことばを続けた。

わたしは抱いて慰めてもらいたいし、いまは「抱かれてもよい」とこころを許す人は先生しかいない。なのに……どうしてできないのか、わからない。……このままでは憎しみを外に撒き散らしてしまう。独りじゃ、やれない。

彼女はさらに泣いた。私は穏やかに伝えた。

こうしていま、あなたはわたしといるのだけれど、あなたはそのことを忘れてしまっているようです。いっしょにいるときには別れを想っていて、いっしょにいないときには一緒に居ることを想っているのでしょう。

彼女は私のことばを聞いていたが、泣きつづけた。しばらくして泣きながら起き上がりベッドに座った。私は伝えた。

いまあなたは、独りの寂しさを、子どものころに感じたものを、実感しておられるのでしょう。

彼女はこれには答えず、立ち上がり、ベッドの足元にあるカーテンの仕切の向こうに姿を隠した。私は伝えた。

あなたはいまわたしといるけど、独りのあなたになっているのですね。お父さんやお母さんと離れているように。だから、カーテンの向こうにあなた自身を置いているんですね。

すこし間を置いたあと、彼女は姿を現わし、私のその解釈への同意を伝えてきた。それから私のほうへ歩んできたが、涙ぐみながら、診察用のタオルケットを胸に抱いていた。私はゆっくりと伝えた。

あなたが胸元に抱いているタオルケットのように、あなたも抱いてもらいたいのでしょう。ただそれは、あなたのこころのなかのこととして必要なのでしょう。

彼女は答えた。

わたしにはわからない。そのとおりか、それともいつか抱いてもらえるのか。抱いてもらえないなら、わたしは壊れそう……。子どもを抱いてやることもできなくなってしまいそう……。わたしはすっかり子どもになっている。先生も彼や父と同じ……。

彼女は怒っていた。私が終了の時間を告げたあとも彼女はしばらく部屋に留まったが、面接室を離れるまえに、厳しい口調で次のように私に告げた。

抱かれるとどうなるのかわからない。だけど、抱かれないなら来る意味はありません。だから、ここに来る必要はありません。

そして彼女は去って行った。

＊

この面接の二時間後、私は彼女からの電話を受けた。彼女は泣いていた。

いま帰り道だけど、もう、どうしていいかわからない。……帰れない。……どうして抱いてくれないのか。抱いてくれなかったら、わたしは生きていけない……苦しいばかり……。

彼女は叫んだ。

わたしを好きだ、愛していると言って！

ほんとうに言いたいことがあったのに、面接のなかでは言えなかった。……それは……先生に父や彼として「ほんとうはおまえをずっと抱いていたかったけど、できなかったんだ」と言ってほしかった。……それをわたしは言ってもらいたいんです！……もう、わたしはやっていけない。いまからどうするか、自分でもわからない。……もう、生きていけない。わたしは待てない！

わたしは彼女の訴えを聴いていったうえで、こう伝えた。

あなたは、わたしとともにいるときは子どものあなたでおりましょうし、わたしは、そうしたあなたといっしょにいるこころづもりを持っています。けれどもわたしとの面接室を離れると、あなたは大人のあなたとして過ごすことが必要です。あなたは来週、わたしと会うまでは大人のあなたでいて、わたしと会ったときに子どものあなたに戻ることができるでしょう。それはあなたにとって必要だし、わたしにとっても必要なんです。

耳を傾けていた彼女は戸惑ったようだった。しかし明らかに混乱が解けた和らいだ口調で彼女は答えた。

先生にとっても、ですか。……わかりました。来週、来ます。……電話がつながったことを神様に感謝します。先生にも感謝します。

そして彼女は穏やかに電話を切った。

【次の週のセッション】

ある事情から彼女は三〇分ほど遅れてやってきたが、穏やかだった。けれども「死にたい気持」は続いていることも語った。それに対して私はこう伝えた。

それは、あなたのなかのうつで弱い子どもがいまだに無力でこころもとないと感じているからなのでしょう。その子どもを大人のあなたがわたしのところに連れてきて、わたしがその子どものあなたとどうふれあっていくかが、これからの大事なことなのでしょう。

彼女は私の解釈に聴き入り、それから「自分をこれまで支えてくれた治療者に感謝している」こと、

「この面接までに振り返ってみたら、自分にははっきりとした実父のイメージはなく、ただ空想して求めていたことに気がついた」ことを語った。

この日彼女は、大人の彼女として穏やかに帰っていった。

このセッションでは、彼女が私と二重の関係をもちはじめていることがはっきりと現われていた。すなわち彼女の子どもの自己部分と私、そして彼女の大人の自己部分と私、である。

つまりそれは《転移》という視点からみると、孤独に怯える彼女の子どもの自己とそうした彼女を迫害する対象（酔って襲ってくる叔父、酔って暴れる夫）であり、一方、彼女が抱きとめられたい、想い焦がれている理想化された対象（実父、彼、そして私）といった〈分割した幼児的対象関係〉が存在していたし、さらにもうひとつのもっと現実的な対象関係、つまり、子どもの自己への援助を求めて私のもとにやってきている大人の自己と、その彼女と性愛化せず大人として協力していく脱性愛化した対象としての私、このふたつの対象関係が存在していた。

私はこれを理解していたし彼女も理解しはじめていた。そのことは次のセッションで明らかになった。

【その次のセッション】

彼女は初めに『ある友人に尋ねられた問いをあとで先生に尋ねたいので、覚えていてほしい』と言い置いた。

それから彼女は横たわったが、やがて子どものように泣きだし、こころ細さを訴えた。

次には、面接室の中まで聞こえてくる、廊下で立ち話をしている男女の大きな話し声に怯えはじめた。『外の声から、祖父や酒を飲んだ叔父の凶暴さを思い出す』と、いままさに凶暴な叔父に追われたその体験のさなかにいるかのように、泣き、震え、身を縮め、怯えつづけた。激しい頭痛も訴えた。彼女は『自分がわからなくなっている』と、どんどん混乱していっていることを訴えた。

そのセッションではまたもや、前々回のセッションでのように彼女が幼児期に戻り、とめどもなく不安に圧倒されるという状況が繰り返されていくようだった。私も、その混乱が続いて面接の終了後にも尾を引いてしまうのではないかという恐れを抱きはじめた。――もはや、彼女が求めるように、怯える彼女を抱きしめてひどい不安を鎮めてやること以外には、この不安の再現に対応できる術はないかのようだった。私は、彼女の不安に共振れしている自分や、その不安を取り除いてしまいたいと思っている自分を感じながらも、慎重に考えた。私はさらに揺れつづけた。

しかしながら私は、このセッションの終わるころには、この日のセッションの始まりの出来事に目を向け直すことができた。そこで私は、この日の時間がだいたい尽きたことを伝え、そのうえで次のように解釈した。

今日あなたが面接の最初に、友達からの質問を私に預けて最後に回すようにしたのは、あなたが大人の自分として帰るために、子どもの自分を面接のなかだけに置くために、そのきっかけとして用意したことだったのですね。

苦しそうにしながらも私のことばに耳を傾けていた彼女は、聴き終えると、ニコリと微笑み、うなずいた。泣くことはやめ、友人の問いを私に話し、簡単な会話を終えると、彼女は帰る身支度を始めた。それからポツリと『頭痛がとれてきた……ふしぎ』とつぶやいた。それから部屋を出るまえにこう言った。

　抱きつきたいけど、それはしません。

彼女は、大人の自己で対応していた。

こうして、これらのセッション以降彼女は面接場面を「自分の子どもの自己とその体験が表現できる、いわば潜在‐過渡空間」として利用し、その外では大人の自己として機能していくことを自分のものとすることができ、面接内外での混乱は収まっていった。そしてこの治療は約二年半で終結した。

＊

呈示した臨床素材に即しながら、本論の主題についての考察を深めていきたい。

Aは私とのあいだで、いわば《退行》した状態にあった。(注17)そうであるから、そこでは私が親として彼女を抱いてやることが、彼女を安心させる唯一のことのようだったし、彼女もそれを強く求めてきていた。彼女の不安状態の強烈さは、私に「このままでは彼女はますます混乱していき、それはとてもセッションのなかでの解釈による介入ではおさまりきらず、実生活において死んでしまいかねない」と思わせるほどだった。その《退行》は、セッションのなかで彼女を抱くといった具体的な〈世話〉を私が提供しないかぎりは、もはや治療的介入が成り立っていかないもののようだった。

もし私が《逆転移》での体験を、患者の内的状態と結びつける意識的概念化の過程において《退行》という概念で実感し、その視点のみで彼女を見ていたなら、おそらく私は「不安に怯える子ども（彼女）を抱えて世話を焼く親」の役割を積極的に担ったであろう。私はセッションのなかで彼女を抱くことを受け入れ、そうしたかもしれない。そしてもし私が実際に彼女を抱いていたなら、私の治療は分析的な治療ではなくなり、分析家としての私は姿を消していた。

さらに、たとえ実際に抱くことはしなくても、象徴的に抱くこととして、彼女の求めに応じて入院させていたことは充分にありうる。事実、まえの治療者は彼女が混乱したときに入院させていた。しかしそれらは、事態を遷延させることにはなっても解決することにはならなかっただろう。なぜなら、まえの治療者との入院治療がそうだったし、彼女は「自分の混乱が、実父を投影していた彼に初めてしがみつき抱きついたときから始まった」ことを語っているからである。(注18)

すなわち、彼女を「退行した子ども」として抱きかかえることは、次に「もう一度放り出される」という彼女の不安を高めるし、そのため彼女がさらに退行し、子どもとして貪欲にしがみつくことを呼び起こすことが予想される。(注19)

ここで注意を喚起しておきたいのだが、この予想は、私たちが《転移》という視点をもつことによって可能になるものなのである。

彼女が幼児期からの分離の体験を繰り返し語っていたなかにあらわになってきているが、彼女を抱いたそのときに治療者は、過去に彼女を抱きとめ安心させたがそれからすぐに彼女を放り出した女親／母親から、その放り出された彼女を酒で狂って追ってくる迫害対象へと変わってしまう。

なにが精神分析治療なのか、との本質的な問題にここで私たちは出会っている。

強調しておきたいが、ここでの治療上の転回点は、幼児期から続いていた「抱きとめられなかった・依存できなかった彼女の寂しさ・恐れ」を、いま抱くことや甘えさせる・依存させることで満たすことにあるのではない。そうではなく「抱きしめてもらえなかった、独りでいることの寂しさ・恐さに自分が耐えられなかった」「いまもそれに耐えられない」という彼女の感情を、彼女自身のなかで、取り扱えるもの・耐えられるものとして折り合いをつけていくことにある。

ゆえに私は、彼女が自分自身の感情を含めた内界を知っていくための転移解釈を繰り返したのである。そして彼女は、分析治療セッティングと私にコンテインされながら、私の解釈を自分自身のなかで消化していったのだった。

（注17）その当時に戻って、幼い子ども時代の恐怖をセッションのなかで再体験していた。つまり、父や母に置き去りにされ酔った凶暴な叔父に襲われる状況のただなかにあった。

（注18）「抱くこと」はウィニコットの「ホールディング」と同義なのか、との問いがあるかもしれない。その答えとして私は、ウィニコットは精神分析療法を実践しつづけていた人であるとだけ述べておきたい。

（注19）もしくは、捨てられる憎しみで破壊的になること。

ここで私はアレクサンダーの〈修正情動体験〉あるいはそれに類似した依存的治療技法の背景にある考え(注20)を、分析的でないとして批判していることを自覚している。分析治療が患者に供給するものは、意図的に持ち込まれた「よい体験」ではなく、あくまで、みずからの内界を理解することである。依存の充足や「抱くこと」は分析治療での必要条件にはなりえても十分条件にはならない。

これは、分析治療においての治療者の基本的な姿勢についても言及していることになる。すなわち治療者は「患者を依存させよう」とか「退行させよう」という意識的・無意識的意図のもとに治療関係をもつべきではない。この治療者の姿勢はビオンのいう「(治療者の)欲望に縛られている状態」以外のなにものでもない(注21)。

さらにここで、《退行》という概念が生む「《退行》から治療者の『世話・抱っこ』へと進む思索の流れでの誤謬」が浮かび上がってくる。この誤謬は、《退行》の概念に没頭しすぎてしまったがゆえに、その用語のもつ派生的な意味合いにそうとは気づかないままに規定されてしまったことから生じたものであろう。《退行》という概念は「幼児返りがその人格全体に起こった」とみる傾向を持ち込みやすいし、その結果「ほかの人格部分(すなわち健康な大人の自己)が作動している」との視点を希薄にさせる。

被分析者は、母親にすべてを依存している赤ん坊そのものでは決してない。彼は幼児の自己と同時に大人の自己(あるいは健康な自己)を持っているし、それを分析治療のなかに持ち込むことができるのである。ゆえに、赤ん坊と違って被分析者は、治療者の解釈を通して《転移》を見つめることができるのである(注22)。

臨床例に戻ってみる。

《転移》という視点をもつことで私は、彼女の子どもの自己と大人の自己それぞれの対象関係を理解していくことができたし、それぞれとふれあっていくことができた。そして、それらを彼女に解釈で伝えることができたし、彼女も自分自身の内界への理解を深め、みずからのふるまいを制御できるようになった。すでに述べたように、私が〈転移解釈〉もしないまま《退行》という視点だけから〈世話〉をしていたら（彼女を抱いたら）彼女はさらに混乱していっただろう。

もちろん私は〈部分的退行〉とか〈自我のもとでの退行〉[注23]という表現を知らないわけではない。これらには《退行》という概念が人格全体を巻き込んでしまいやすいことへの気づきがあるし、そこで修正を試みた結果であろう。しかしながらこれらの修正は、不自然な表現をつくりあげることに終わったようである。[注24]

それでは《退行》という概念はまったく不要なのだろうか。

たとえ患者自身がみずからの内的世界を見ていくにはあまり適切でない概念化であるとしても、《退行》は外から患者の内的世界を理解していくためのひとつの視点としての（〈転移理解〉を深めるものとしての）

（注20）過去に得られなかった（と患者自身が感じている）陽性の感情体験や依存を治療者が積極的に与えて満足を味わわせることで、過去の陰性体験を帳消しにしてしまおうとの考え。この考えは「快感原則」に沿っており、心的事実に則った「現実原則」を踏まえていない。

（注21）このように概念にとらえられてしまっているとき、私たちは転移解釈という分析家としての第一の作業から逸脱しやすい。治療者は、患者との意識的・無意識的なコミュニケーションを深めていくことを目指すべきである。

（注22）母親の乳房の温もりや包み込む暖かい柔らかさは必要なものではあるが、〈解釈〉というミルクを与える乳首こそが赤ん坊をほんとうに安らがせ、成長させていく。そして赤ん坊がみずからも吸う機能を能動的に活用するところに、こころの発達がある。分析的治療も同じであろう。

（注23）Kris, E.：On preconscious mental processes., 1950. In, Psychoanalytic Exploration in Art. Int. Univ. Press, New York, 1952.

（注24）その不自然さは、「退行」のところに「転移」を入れて〈部分的転移〉とか〈自我のもとでの転移〉という表現を想定すればただちに理解されるだろう。それはことばの綾にすぎず、なにも実体を伴っていない。

有用性は含んでいると思う。しかしその有用性は、すでに述べたように副次的なものであって、分析セッションでの本質的な治療的はたらきかけ〈解釈〉を与えるためには、あくまで《転移》という視点に立たなければ分析治療は展開できない。これが私の主張である。

＊

《退行》は私たち精神分析臨床に携わっている者には親しみあふれる臨床概念である。それは精神分析の始まりの頃から私たちの治療を支え、広めてくれた。しかしながらその概念の限界も、いま見つめることが必要だろうと思う。分析的治療を進めていくには《退行》という概念だけでは不充分である。[注25]《退行》という視点に立っているときには、《転移》という視点を併せ持っておくことが不可欠であるし、《退行》という概念の限界を充分に認識しておくことこそが求められる。

私たちはルビンの《盃》を見いだしたなら、同時に《顔》も見いだすよう努めるべきだろう。[注26]

（出典：分析空間での出会い　人文書院　一九九八）

（注25）すなわち、「転移」と「退行」の両眼視が必要である。

（注26）ルビンの盃と顔

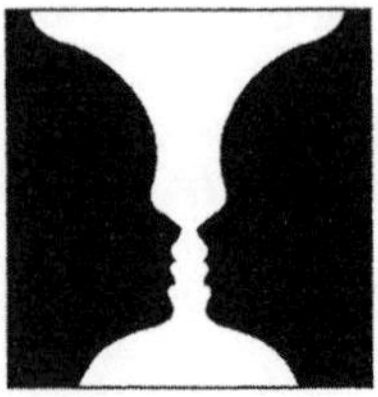

退行をめぐって

細澤　仁

一　はじめに

近年、退行という概念は人気がないようである。退行概念はフロイトにより提示されたが、彼はその概念を十分に推敲しなかった。精神分析的治療における退行に積極的な意義を見出し、それを基盤に独自の治療論を練り上げた精神分析臨床家の代表として、バリントとウィニコットがいるが、その偉大な先駆者は明らかにフェレンツィであった（フェレンツィのリラクセイション技法を参照のこと）。しかし、彼らの考えは、彼らの存命中から、既にして精神分析の本流からは否定、ないし、無視されていた。精神分析臨床に必ずついてまわる現象であるにもかかわらず、何故、退行概念はリンボに追いやられなければならなかったのだろう。ひとつの理由は、この概念が記述的概念であることだろう。精神分析には、一者心理学から二者心理学へという歴史的進展があった。この事態を基盤にして、転移概念の特権化が成立することとなった。そして、精神分析技法において特権的地位を占める解釈と転移概念が結びつき、転移解釈こそが精神分析臨床であるとのフィクションが成立したのだ。この考えに立てば、退行は転移のひとつの側面ということになる。また、退行を自らの治療論の基盤としたバリントとウィニコットは、深い退行状態にある患者に対しては、解釈を投与しないという治療論を打ち立てた。現代の精神分析が転移解釈こそが精神分析技法の王道と唱えている以上、このようなバリントやウィニコットの考えを受け入れることはできないだろう。換言すれば、バリントとウィニコットの考えを受け入れると、精神分析とは何かということを再考せざるを得なくなる。また、退行概念の不人気には、退行現象が有する危険性に対する不安も存在するようである。重篤な病理を有する患者が退行すれば、当然のことながら破壊的な行動化が頻出することになる。治療者の退行促進的振る舞いは患者の生活および治療に危機的状況をもたらすのである。多くの精神分析臨床家の中に、退行に対する意識的・無意識的不安があるため、退行の意義を否認したいのかもしれない。

私は、転移解釈に精神分析の独自性を認める者ではあるが、それに特権的地位を与える者ではない。解釈によって、人のこころが変容するとは信じていない。私は、自由連想すること、夢見ること、そして、退行すること（厳密に言えば良性の退行）、それ自体に治癒力があると考えている。患者は、自由連想すること、夢見ること、退行することができないからこそ、苦しんでいるのだ。私の精神分析観は、これらの能力の回復を援助することこそが精神分析臨床家の仕事である、というものである。

この論考では、ふたつの臨床素材を提示し、退行の意義について考察するつもりである。

二 臨床素材 B

患者は中年の既婚女性Bである。彼女との出会いは精神科の外来であった。彼女は精神医学的には、パニック障害と診断されていた。私と出会う数カ月前から某病院に通院していた。当時、私は駆け出しの精神科医であり、その病院に赴任し、前任の精神科医より彼女の治療を引き継いだ。

初対面時、Bはやや緊張しているようで、私は全般的に不安の程度が高いという印象を持った。彼女は小柄であり、服装は地味であった。彼女の口調は丁寧であり、私の質問には的確に返答した。私はまずこれまでの病歴と生活史をカルテの記載を元に確認した。

Bは一年ほど前に重篤な不整脈を発症した。そのため心臓ペースメーカーを取りつけることになった。経過は順調であったが、ペースメーカーを取りつけて数カ月後に最初のパニック発作に襲われた。彼女は心臓が止まってしまうのではないかとの恐怖に襲われた。救急受診をしたが、ペースメーカーは順調に作動しており、救急から精神科外来にリファーされた。精神科においてパニック障害と診断され、薬物療法が開始された。しかし、Bの症状は薬物療法に抵抗し、相当の量の抗うつ剤と抗不安薬が処方されたが、症状の改善は認められなかった。パニック発作は頻発していた。また、強度の予期不安のため広場恐怖が生じており、日常生活は甚大な制限を被っていた。そのような状況で私と彼女は出会った。

小児期のBは活発な子どもであり、母親の手を焼かせることが多かったという。中学校時分のある日、彼女は、母親から「お前のことを見ていると、心臓が止まりそうになる」と言われた。その日の夜、母親は重篤な不整脈により心停止状態に陥り死亡した。Bが母親と同じ重篤な不整脈を発症したのは、彼女が母親の死亡時とちょうど同じ年齢に達したときであった。彼女の社会適応と対人関係は全般的に良好で、社会人生活を数年経た後に結婚した。結婚後も日常生活に特段の困難は存在していなかった。

私は病歴を確認し、彼女の不整脈の背後に母親の死をめぐる力動的状況が存在すると理解した。そして、パニック障害の症状が薬物療法に対して強い抵抗性を示していることの背景に母親の死をめぐる葛藤が存在すると見立てた。私は、母親の死という対象喪失をめぐって、Bのこころにおいて喪の作業が十分に進展していないのだろうと考えた。彼女の社会適応がここまで良好であること、パーソナリティ障害の特徴を有していないことを鑑み、病態を神経症水準と評価し、心理療法の適応と判断した。また、薬物療法が無効だったこともあり、Bの心理療法への動機付けも高かった。私はBと外来における週二回四五分の対面による心理療法の契約を結んだ。

心理療法面接に入ると、彼女は母親の死をめぐる過去の葛藤や夫をめぐる現在の葛藤、そして、今‐ここで生成している転移感情について豊かな連想を行った。心理療法は進展しているようであった。しかし、一方で症状は改善するどころか、悪化の一途を辿り、Bは一層情動不安定になっていった。心理療法開始後半年ほどで、治療は行き詰まりの雰囲気を醸し出すようになっていった。

パニック発作が尚一層頻発するようになり、そのため広場恐怖はその強度を増したこともあり、日常生活における制限は増大した。それに伴い夫へのしがみつきも強まり、夫が提供できる世話や対処も限界に達してきたようだった。そのため、本人や夫と相談の上、入院治療により状態の立て直しを図ることにした。入院においては、心理療法は週三回四五分の構造とした。入院となり、Bは安心した様子であったが、症状は一段と悪化していった。そして、退行したBは私に対して依存的となり、しがみつきを見せるようになった。彼女は、定期的な面接だけではなく、症状の出現や不安を理由に臨時の面接を求めてきた。私は彼女の要望を原則として受け入れた。当時の私は初心の臨床家であり、この事態を自分の失敗と捉え、自分が心理療法を導入したことでBが極度の退行状態に陥ったことに罪悪感と無力感を体験していた。それゆえに、私はBの要求に出来るだけ応えることで過剰に補償を行い、そのため彼女は一層の退行に陥るという悪循環が生じていた。

入院して一カ月ほど経ったあるとき、症状は不安定であったが、Ｂに拠所ない所用が生じ、彼女は外泊した。その際に、彼女は夫との感情的な行き違いから、口論になり、包丁を振り回すという事件が起こった。そして、彼女は外泊を途中で切り上げて帰院した。先述のように、発症前のＢは社会的適応がよく、発症後も症状は難治であったが、行動化傾向は見受けられなかった。Ｂには自傷行為や自殺企図や他害などの既往はなかった。この事件が起こったとき、私の罪悪感と無力感は頂点に達した。私はもう駄目だと思い、絶望感に浸った。しかし、私は、この状況をもう少しだけ持ち堪えようと思った。私の中に状況を持ち堪えれば事態が好転するというポジティブな展望があったわけではない。また、このときの私には適切な臨床的助言を得る場も存在しなかった。何かよりよい対処法を思いつくこともなかったので、私は今まで通り、ただ、決められた面接時間に彼女と時間を共にし、臨時の面接の希望があるときは原則としてそれに応じた。私は、ただ責任感と根性だけを頼りに、この状況を持ち堪えた。私にできることはそれしかなかった。

しかし、この事件を契機に、Ｂは何故か落ち着きを取り戻していった。このとき私は特別な介入を一切行っていない。厳密に言えば、行うことができなかったのだ。また、入院中は薬物の調整も行っていない。しかし、彼女は極度の退行状態を脱し、私にしがみつくこともなくなっていった。臨時の面接を求める頻度も減じていった。そして、それと共に、彼女の精神症状は劇的な改善を見せた。パニック発作は消失し、全般的な不安も減じた。病棟において、彼女はゆとりを持って入院生活を送っているという風情になった。症状が改善し、退行から前進しゆとりを取り戻したこともあり、Ｂは退院となり、心理療法の場は外来に移行した。入院期間は約二カ月間であった。

外来に移行した後、心理療法を実践しつつ、慎重に減薬を試みた。退院後半年間で、定期薬の服用をすべて止めることが可能となった。頓服のみ処方していたが、Ｂが服薬することはほとんどなかった。日常生活における制限は消失した。夫や私に対する依存やしがみつきは影を潜めた。また、心理療法においては母親の死という対象喪失にまつわる喪の作業が進展した。このころ私の異動が決まった。彼女は私の異動という状況を知っても、それなりの衝撃を受けたようであったが、退行に陥ることもなく、現実的に受け入れたようであった。そして、対象喪失のテーマは転移の上でも穏やかに展開し、ワークが進展していった。

別れのとき、彼女は別離に伴う寂しさについて言及したが、不安については自ら抱えることができているようであった。

三　Bの心理療法過程の検討

Bの精神病理の根底にあるのが、母親の突然の死であることは明白であろう。前述のように、Bに手を焼いていた母親は「お前のことを見ていると、心臓が止まりそうになる」とBに言った。おそらくこれは母親の口癖であったと思われる。しかし、母親はこのことをBに言った直後に実際に心臓が止まり死亡した。この事態に対して、Bが極度の罪責感を抱いたのも無理からぬことである。この罪責感があまりに強く作用したために、母親の死という対象喪失をめぐる喪の作業が十分に進展しなかったのであろう。

Bは母親が死亡した年齢に至ったとき、自ら母親と同じ重篤な不整脈を発症した。この事態は、滞っている喪の作業を進展させる必要があるとの無意識の判断に根がありそうである。しかも、この病気は心気的なものではなく、致死的な身体疾患の形を取ったことからも、強力な影響力を持つ病理が存在していることが想定される。この病気に対しては、心臓ペースメーカーという医療技術で対処された。心臓ペースメーカーはBの病理が実際の身体疾患という形で外に表れ出でるのを妨げた。そうなると、Ｂの病理はパニック発作という心理的な不整脈という形式を取るしかなくなった。言うなれば、Ｂは繰り返し母親の死を自分の身体を借りて再体験していたのであった。母親という対象の喪失に際して、Ｂは母親を取り入れることで対象喪失に伴う抑うつや葛藤を防衛したのであろう。思春期のＢにとって、母親の死をめぐる喪の作業を進展させることは困難であり、このような形の防衛に頼らざるを得なかったのかもしれない。Ｂには通常の薬物療法は無効であった。Ｂが臨床的改善に向かうためには、母親という対象の喪失にまつわる喪の作業が進展する必要があったのである。

先述のように、Ｂの精神病理の根底にあるのが、母親の突然の死であることは明白なのだが、これは母親の死がＢに外傷的に作用したということを意味しているだけではない。Ｂが治療プロセスの中で、極度の退行状態に陥ったことを考えると、母親の突然の死は、早期母子関係における心理的状況のスクリーンメモリーである可能性がある。当時の私は早期母子関係という発想を持っていなかったため、Ｂとの治療プロセスの中で、それを例証する素材を得ようとはしなかった。ゆえに、これから述べる早期母子関係をめぐる思索はまったくの思弁であることをお断りをした上で、さらにこの点について想いをめぐらせることにする。

母親の突然の死とはいかなる早期母子関係を象徴しているのであろうか。生活史の聴取から得られた情報によると、Ｂは乳幼児期より母親の手を焼かせる存在だったようだ。そこにはＢがやんちゃであったということ以上の状況もあったのだが、ここではその詳細については触れないでおく。そして、Ｂが乳幼児期の頃の母親の対応は、彼女にとってはまったく不満足なものであったのだろう。母親の世話の不十分さを乳幼児期のＢは母親の不在、つまり、母親の死として体験したのかもしれない。その際、Ｂはいかなる情緒を体験したのだろうか。

まずウィニコット(7)のことばを引用したい。「『母親から受ける養育』によって、それぞれの幼児は自分のパーソナルな存在を持つことができ、存在することの連続性と呼べるものを形成し始める。この存在することの連続性を基礎にして、生得的潜在力が、次第に個々の幼児のなかに育ち始める。母性的養育がほどよくなければ、存在することの連続性を欠くために、幼児は本当に存在することにならない。その代わり、人格は環境の侵襲に対する反応を基礎に作り挙げられるようになるのである。」さらに、ウィニコット(6)は別のところで次のように述べている。「母性の失敗は侵襲に対する反応の時期を生みだし、これらの反応が乳幼児の存在し続けることを妨げてしまう。このような反応することが過度になると、欲求不満ではなく、絶滅の脅威を生み出す。私の考えでは、これこそが本当の原初的不安であり、それを記載する際に死という言葉を含むどんな不安よりも、はるかに先行しているのである。」

乳幼児期のBは、十分な母親の世話の不在、つまり、母親の死を体験したときに、絶滅する不安を体験していたのだ。そして、思春期に現実の母親の死を体験した際に、乳幼児期に味わった絶滅する不安が蘇ったのだと思われる。先述のように、Bは母親の死にまつわる抑うつや葛藤を母親の取り入れという機制を用いて防衛した。絶滅する不安に関しても同様の機制で防衛したのだと思われる。しかし、母親が死んだ年齢に達したとき、Bは母親と同じ病気を発症した。これは、Bが母親を取り入れたという事態を表すと共に、そのような防衛のあり方の破綻をも示している。

さきほど、Bはパニック発作によって、繰り返し母親の死を自分の身体を借りて再体験していったと述べたが、一方でパニック発作は、乳幼児期に母親の世話の不在の下に、絶滅する不安を体験しているB自身の再体験ともなっている。つまり、Bの症状は、母親という対象を喪失することをめぐる抑うつや不安への防衛としての母親の取り込みという意味合いと、乳幼児期における満足のいく母親の世話の喪失（＝母親の死）に伴う絶滅する不安の反復という二重の意味があったのである。換言すれば、Bのパニック発作は、防衛の結果でもあり、防衛の破綻でもあるという極めて複雑な意味合いがあったのだ。心理療法プロセスにおいては、まず深い退行状態に入ることにより、絶滅する不安がワークされた後に、対象喪失をめぐる不安のワークが進展した。このプロセスからは、早期母子関係に根がある不安がより一次的であることが想定される。

まとめると、次のようになろう。Bの精神病理の根底には、早期母子関係に根がある絶滅する不安が存在していた。そして、そこに思春期における母親の突然死という外傷的出来事が影響を及ぼしたのであろう。ウィニコット[6]は絶滅する不安こそが原初的不安であると述べている。私は、著書の中で[5]、ウィニコットが語ったような絶滅する不安が生成する状況こそが「原初的外傷」であると論じている。「原初的外傷」については、紙数の関係上、ここで詳細に論じることはできないので、関心のある読者には直接原著を読んでいただきたい。

この症例は、私が自ら主体となり、心理療法を導入・実践した最初のケースであった。もっとも、ほぼ同時に他の五ケース（外来週二回四五分が四ケース、入院週三回四五分が一ケース）も開始しているので、一般にイニシャルケースと呼ばれるものとすることはできないかもしれない。ところで、病院で心理療法のセッションを週に一〇回以上行うことは通常は困難なのだが、当時の私は実質週七日働いており、また、朝八時から夜一一時くらいまで病院で仕事をしていたので、この状況が可能となった。若かったとは言え、当時の私は少々ワーカホリックだったのかもしれない。しかし、私の同期の他科の医師はみな私と同程度かそれ以上に仕事をしていたので、私は医師として当然のことをしているという意識しかなかった。当時の私はまったくの初心の心理臨床家であり、またスーパーヴィジョンも受けていなかった。各種心理療法のセミナー等にも参加した経験がなく、せいぜい心理療法をテーマにした書物を数冊読んでいた程度であった。このような事情もあり、私はまったく手探りで我流の心理療法を実践していた。

今考えれば、アセスメントもお粗末であり、技法もまったく我流であり、随分乱暴な心理療法を実践していた。しかし、意外にも、当時の心理療法は多くの患者の改善に寄与した。ほとんどの症例が良好な結果を得ている。この論考で取り上げた症例も結果としては著明な改善を見せている。白状すれば、今の私は相当の訓練を積んでいるのだが、当時と臨床観や臨床スタンスはほとんど変わらない。

入院中、Bは先述の事件を起こした。その後、彼女の症状はほぼ消失し退院に至った。退院後は、私の異動に伴う対象喪失という状況下で、母親の死に対する喪の作業が進展した。このプロセスから、Bの心理療法における治療転機は、明らかに先述の事件ということになろう。そして、この事件の意味合いは、Bの退行がある種の極みに達したということにある。Bは、パニック障害を発病する以前は適応もよく、また、発病以降も行動化傾向は認められなかった。その彼女が包丁を振り回すという事件を起こしたのだ。心理療法において十分に取り扱われなかったため、その際にBが体験していた情緒は想像する他ない。おそらく、そこで彼女が経験していたのは、極度の不安、怒り、絶望、恐怖といった原初的情緒だったのだろう。これらが入院という保護的環境下において、極度の退行状態に陥っている彼女の中で生成していることを鑑みると、その根底には早期乳幼児不安、つまり絶滅する不安があると考えてよいであろう。

四　臨床素材　C

患者は成人の独身女性Cである。彼女は小児期より父親による重篤な性的虐待を長期間にわたって受けてきた。一方母親はネグレクト的養育態度で、時に彼女を身体的に虐待した。二〇歳ころ、彼女は解離性の意識消失を頻繁に起こすようになった。そのため精神科的治療を受けるようになり、長期入院を含む入退院を繰り返した。この過程で、解離性同一性障害の診断が確定した。彼女は、極度の依存性、暴力性、攻撃性を表出していたため、治療関係は錯綜したものとなっていた。そして、精神科的治療を受け始めて数年経った時点で、私に心理療法を受けるために紹介されてきた。

インテークでは、Cはこころここにあらずという風情で、消え入りそうな声でとぎれとぎれに語った。彼女は痩せており、中性的な雰囲気を有していた。私は、過敏で傷つきやすいという印象をもった。アセスメント面接を数回行い、外来における週一回四五分の対面による心理療法の契約を結んだ。しかし、彼女の治療は困難を極め、危機介入としての入院治療が必要となる事態が頻出し、入退院を繰り返した。

まず、外来治療について述べる。当初、彼女は、母親のネグレクト的養育態度、父親による性的虐待、そして親しい者との度々の死別（自殺、事故死）といった外傷体験について語った。しかしCの語り口は淡々としたものだった。面接が続く中で、徐々に私との陽性の関係が築かれていった。しかし、彼女は、私との間でいかなる感情（陽性、陰性にかかわらず）にしても、彼女が自ら抱えられるよりも大きな感情を体験すると、解離性健忘や遁走、あるいは破壊的行動化を起こすことで治療を中断した。時にCの身体の安全の確保が必要な事態に陥り、入院治療が導入された。また、面接室の中で、交代人格現象、除反応、意識消失などの解離症状が頻繁に出現した。転移の上では、Cは、心理療法家として中立性を守る私にネグレクトする母親を、そして、精神分析臨床家として解釈を投与する私に性的虐待を行う父親を、見ていたようであった。私は、基本的にこのような文脈を転移解釈をもって扱った。解釈が彼女に届くときは、彼女はゆとりを取り戻し、リラックスした雰囲気になった。ときに面接室の中で急性解離状態に陥っているときでも、解釈が有効なときは、解離状態から脱出することが可能となった。

次に、入院治療について述べる。入院においても、基本的に構造化された心理療法（週三回四五分）を行う予定であったのだが、実際には数回の入院中、心理療法面接はほとんど行われていない。ある入院では、Cは治療者から完全にひきこもり、心理療法面接をすべて拒否した。ときに、面接に応じても四五分間、敵意に満ちた沈黙に浸るだけであった。また、ある入院では、面接毎に解離状態に陥ったため、面接にならないという事態が生起した。たとえば、ある面接では、Cは、解離性の意識消失を起こし、いかなる分析的、ないし現実的な介入をもってしても、意識を取り戻すことはなく、四五分間経った後、看護スタッフと病室まで彼女を運ぶという始末であった。また、面接中に、突然、暴力的交代人格に変換し、私に暴力を振るうことも多々あった。入院中に有効であったのは、心理療法よりも、マネージメントであった。適切なマネージメントにより、彼女の状態が安定すると、私との関係性も安定し、治療の場は外来に移行することになるのだが、退院後は必ずと言っていいほど数カ月間の中断が生じた。

治療開始後数年経た頃、数回目の入院のときに、Cは、病棟スタッフとの些細なトラブルから、今までにないほど深い退行状態に陥った。彼女は、不断に精神病様の状態を呈するようになり、発するのは意味不明の叫びや唸り声だけとなり、彼女のことばを十分に理解することはできなかった。断片化されたことばから、かろうじて理解できた内容は、迫害不安、解体不安であったが、その文脈は理解不能であった。行動のコントロールは完全に失っており、本人の安全を確保するため、常時保護室使用となった。しかし、保護室に入ると、退行は一層深くなるだけであった。また、この事態をきっかけに病棟の雰囲気は極度に重苦しくなり、そこかしこに妄想的、迫害的不安が立ちこめた。早期乳幼児状態への全面的退行が生じたようだった。私は彼女の治療そして病棟のマネージメント共に無力感を感じ、こころの中の中立性を維持することが困難になり、治療者として機能できなくなった。私はただCと定期的に面接し（週三回四五分）、Cの前に現存し、妄想的、迫害的不安を共に体験することしかできなかった。このときの私はまったく解釈を始め、心理療法的介入を行っていない。いや、正確に言えば、できなかったのだ。さらに言えば、考えることも、想いをめぐらせることもできなかった。私はただ黙って彼女の傍らに佇み、そして、何も考えられないという状態を味わっていた。面接の中でときに彼女の暴力に晒され、私の中に彼女の暴力を恐れる気持が生じ、私は自由に発想するこころのゆとりを失っていた。また、面接の後は極度の疲労を感じ、考えること自体がしばらくできなくなるということがしばしばあった。病棟のマネージメントに対しては、一方で何とかしなくてはという焦燥感を感じ、一方で被害的になり怒りや孤立無援感を感じていた。

この状況は、無論のこと、大規模な投影同一化が生起していることを意味しており、私が味わっていた不安、恐怖、怒り、絶望等の情緒の嵐は、おそらく性的虐待を受けた際にCが体験した情緒であり、彼女はそれを自分の中に保持できず、そして、私に理解してもらいたくて、私の中に投げ入れているのだろうと理解していた。しかし、そのような精神分析的理解は、この状況においてほとんど無益と思われた。この理解は、治療を進展させることがないどころか、私にゆとりや安定を提供してくれることもなかった。私はそれでも彼女は治療を求めていると信じることでこの状況にただ耐え続けた。

この状態が二カ月ほど続くと、彼女は自然と前進した。徐々にゆとりを取り戻し、精神病様の状態に陥ることもなくなり、また、情動も安定してきたので、保護室を解除することが可能となった。彼女の状態の改善に伴い、現実状況にも進展が認められた。そして、彼女は退院した。このときは、それまで頻繁にあった退院後の治療中断もなかった。そして、これがCの最後の入院となった。

この後は、精神症状はかなりの部分消失し、感情の揺れは少々あったとはいえ、日常生活に支障が出るほどではなかった。そして、心理療法の中で、両親に対する葛藤がワークスルーされていった。また、最初の発症の力動的状況が再構成されていった。

そして、彼女はある男性との結婚を決めた。それまでの彼女の対人関係は、サドマゾキスティックな対象関係に彩られたものであったが、結婚の相手は虐待の再演のパートナーとは異なる、対等なほどよい関係を持つことができる男性であった。そして彼女は自発的に自らの歴史（＝物語）を回顧し始めた。それは外傷記憶ではなく、家族や周囲の人との日常的な情緒的関係についてだった。彼女は躁的な否認という雰囲気ではなく、未来への希望を語るようになっていった。その後彼女は妊娠した。妊娠したことで支配‐被支配をめぐる葛藤が再燃したが、Cは解離という機制で否認することなく葛藤を抱えられるようになっていた。

出産を機に心理療法は終結となった。

五　Cの心理療法過程の検討

Cは精神医学的に、解離性同一性障害と診断されていた。私は、解離性障害についてのモノグラフ(4)の中で、解離は、一方で外傷体験による発達の停止であり、一方で外傷に対する防衛としての機能を持つと論じた。Cの治療過程を振り返ると、治療状況の中で露呈した未分化な愛情と攻撃性、そして十分に消化されていない精神病水準の不安より、情緒発達の停止を想定することが可能である。

次に解離を防衛として見る観点を取り上げてみたい。解離は何を防衛しているのであろうか。治療過程において、Cの解離障壁が緩み、精神病水準の不安がCの断片的なことば、行動、そして投影同一化を通して表出されたことより、解離は精神病水準の不安に対する防衛として機能していると考え得る。性的虐待という自己を圧倒する体験により、Cの中の解体不安、絶滅不安等の精神病水準の不安が高レベルで存続し、それへの防衛として解離が用いられたと思われる。

まとめると、解離は精神病水準の不安の存続など発達の停止という側面を持つとともに、精神病水準の不安への防衛という側面を持つと考えるのが妥当であろう。

さて解離は当初精神病水準の不安への防衛として用いられるのだが、その後は対人関係上に現れる葛藤の回避手段としても用いられるようになる。解離性障害患者の対人関係上に現れる葛藤は主に彼らが持つ中核的葛藤に起源を有すると思われる。以下中核的葛藤を簡単に要約したい。我々は生きている限りこころの傷つきを日常的に経験している。それでも我々が外傷関連性の精神障害を発症しないのは外傷を消化できる心的な力、及び外的支持環境を持っているからである。この外傷を消化する能力を自然治癒力と呼ぶことが可能であろう。つまり解離性同一性障害患者はこの自然治癒力が心的、或いは外的要因により発揮できなくなっていると考えられる。そして、この心的、外的要因が患者の対象関係に影響を与え、中核的葛藤を形成する。今度はその中核的葛藤は治療関係を含む対人関係上に転移される。その葛藤を回避するため交代人格現象を始めとする解離が用いられるのである。Cの場合は、父親との関係に起源を有すると思われる支配 - 被支配の色彩を強く持つ対象関係、および、母親との関係に起源を有すると思われるネグレクトする - ネグレクトされるという対象関係が中核的葛藤を形成していた。この対象関係は、治療の内外で再演された。このような中核的葛藤に起源を持つ扱い難い混乱した情緒を回避するため、Cは解離症状を治療の内外で用いていたのである。そして、解離症状のひとつの結果として、あるいは、解離という防衛で対処できなくなると、彼女は中断や絶縁という形で対人関係からひきこもることで、扱い難い情緒を回避するのだった。

当初は私との治療関係に支配 - 被支配という対象関係が転移された。私が設定に対してなど何らかの能動性を発揮したり、解釈という介入を行うと、Cはそれを自分に対する支配や侵入と受け取り、治療中断やセッションの中での沈黙という回避の形、もしくは暴力的場面の除反応という行動化の形で反応した。逆に、彼女は私への陽性の感情が高まったときも、通常治療を中断した。このことは、ひとつには、Cにとって自分の陽性の感情は恐怖、傷付きや攻撃的感情などのさまざまな陰性感情と未分化であること、もうひとつはCは陽性の感情を性的虐待者に利用され、搾取されてきたという生活史を持っていることに根があるのだろう。また治療中断、沈黙、除反応により彼女は治療をコントロールしていたという側面もある。これは彼女自身意識的にしていたことで、彼女のことばを借りれば「主導権を取り戻す」行為であった。さらにはそのような行動を通して彼女は自らの情緒を私に伝えようとしたというポジティブな側面もある。彼女の行動に相対して私が感じた無力感、不安などは彼女が投影同一化のコミュニケーションとしての側面を利用して私に伝えてきた彼女自身のなまの情緒であろう。

私が彼女とした作業を心理療法とマネージメントに分け述べてみたい。心理療法に関して、Cとの二者関係において私への転移感情を解釈、直面化、明確化を通して彼女が味わえるように援助した。彼女は私への転移感情を解離という機制を用いて否認したり、中断・沈黙・除反応という行動化を通して回避していた。今‐ここでの情緒を共に味わうという介入を通して彼女は自らの情緒に触れていくことが徐々に可能になっていった。

また入院というパラメーターの導入に加え、私は、入院治療においてさまざまなマネージメントを積極的に行った。Cの中の分裂排除されたものが投影同一化を介して私および看護スタッフの中で現実化した。そのようなとき、適切なマネージメントにより建設的な結果を産みだすことが可能となった。このことは彼女の解離された対象関係の統合に寄与したと思われる。重傷な解離性障害患者に関しては治療を患者の破壊性から守るため、そして患者に「抱え」を提供するためさまざまなパラメーターの導入が必要と思われる。私はパラメーターの導入に関しては治療者のさまざまな可能性に開かれた柔軟性が重要であると考えている。またパラメーターの導入が治療関係にいかなる影響を与えるのかということを認識し、再度心理療法の枠組みに収納していくことが肝要であると考えている。

数回目の入院で彼女は早期乳幼児状態への全面的な退行を起こし、精神病水準の不安を排出した。ここに至るまで中核的葛藤のワークが進展し彼女が自分のなまの情緒に触れることが可能になってきたことを背景に、入院という抱える環境において病棟スタッフとの間でトラブルが生じ、未分化な愛情と攻撃性が揺さぶられたことがきっかけと思われる。彼女はまともに会話することも困難になり、妄想的・迫害的不安、解体不安を断片的に排出するだけになった。ときに私をはじめ看護スタッフに激しい暴力を振るい、また個々のスタッフを巻き込み、文脈が読みとれない混沌を病棟の中に出現させた。強力な投影同一化を介して病棟全体に精神病水準の不安が排出された。ここに至り私は中立性を保つことが困難となり治療者として機能できなくなった。私はただ彼女と共に妄想的、迫害的不安を体験することしかできなかった。このとき私が感じていた恐怖、怒り、被害感、傷付き、焦燥感、閉塞感は彼女が投影同一化を介して私に伝えてきたものであろう。治療状況として、現実的には彼女を保護室に入室させているということにより私が彼女を支配しているという外傷の再演が生じており、心的には私が彼女の病理に支配され、こころの空間を狭められているという転移状況になっていた。つまり私は彼女が私に投げ込んできた虐待する父親像、および虐待される彼女の自己の表象を共に体験していた。私はただ彼女の治療可能性を信じ、希望を持ち続けることでその状況に耐えることしかできなかった。

ここで私がしたことは何だったのだろう。私がしたことはCの未分化な愛情と攻撃性、そして精神病水準の不安を抱え、「生き残る」（ウィニコット）ことであったと思われる。彼女はバリントの言う「悪性の退行」を起こしていた。私が生き残り、彼女を十分に抱えることを通して「悪性の退行」は「良性の退行」に変形した。また私は解釈を通じて精神病水準の不安に急いで形を与えようとしなかった。早期乳幼児状態に退行しているときは、治療者の解釈は患者には分離の強要、あるいは攻撃と受け取られる危険性が高いと思われる。治療者はただ患者の精神病水準の不安を共に体験し抱え、患者の前に「控えめな治療者」（バリント）として現存し生き残れば患者は自然に前進すると思われる。この治療機序はバリントの言う「新規蒔き直し」の特徴と一致する。

六　退行概念の検討

症例Bに関しては、先述のように、当時の私は、ほとんどまったく心理療法のトレーニングを受けておらず、未だ親和性のある臨床理論とも出会っておらず、技法についても我流であった。現在の私なら解釈で扱うと思われる素材もほとんど言語的に扱っていない。したがって、この治療に転機をもたらしたのは退行そのものということになる。

一方、症例Cの治療に携わったころは、それなりの精神分析の訓練を受け始めていた。特に外来における心理療法においては、私は主に転移解釈を通して、彼女の情緒に触れていった。しかし、この症例においても、真の展開をもたらしたのは、退行からの新規蒔き直しというプロセスであった。Cが深い退行に陥った際、私は転移解釈を始めとする言語的介入を一切行っていない。Cの治療においては、転移解釈等の言語的介入が深い退行に至る道筋を整えたのは確かだが、治療的変化という意味では補助的な役割を担っていたに過ぎない。

バリント(1)は、「分析治療における二大因子は解釈と対象関係である」と述べ、さらに「治療のある時期には、有効に機能する関係を創り出し維持する方が正しい解釈を告げるよりもおそらく大切である」と語っている。バリントの言う「ある時期」とは、患者が基底欠損水準か、それ以下の水準までに退行を起こしているときである。基底欠損水準とは原初的二者関係のことであり、早期母子関係と考えてよいであろう。バリントは、患者が十分に退行すると、「新規蒔き直し」が生成し、患者は病理的対象関係を放棄し、新しい対象関係が進展すると記述している。バリントによれば、基底欠損水準に退行している患者に治療者がすべきことは、「解釈をもって強引な介入を試みないで当面寛大に患者の退行に耐えること」である。その際に、治療者は、「時間と環境の整備提供者という機能を果たさなければならない」のである。

バリントの治療論はウィニコットの治療論と共通する部分が多い。ウィニコット(6)は退行について次のように述べている。「失敗状況を凍結することによって個人が特定の環境の失敗から自己を防衛できるというのは正常かつ健康なことだという考えが、人間の発達についての理論に含まれるべきである。このことには、いつか失敗状況が解凍され再体験できるような新しい経験、それは個人が退行した状態において適切な適応をなしてくれるような環境下でのことであるが、そういう新しい経験の機会が訪れるだろうという無意識的想定（意識された希望ともなりうる）が伴う。」そして、ウィニコット(6)は、重篤な病理を有する患者が深く退行した際には、「通常の分析作業を長期にわたって中断し、マネージメントがそのすべてとならざるをえないのである」と述べている。つまり、このような状況においては、「母親が実際に乳幼児を抱える」かの如くの抱えを提供する必要があるのである。要するに、「行きつくところまで退行するのを許容し、その結果を見守る」ことになるのだが、その際の治療者の役割はそのような状況を抱えるマネージメントに専念するということである。

Cとの治療において、私がしたことは彼女が退行できる場と時間を供給したということに他ならない。Cは十分に退行し、そして前進した。このプロセスはバリント(1)の言う「新規蒔き直し」と考えてよいであろう。私は、いくつかの著作(4・5)で、治療者が退行を抱えることを通して「新規蒔き直し」が生成するという治療プロセスを論じている。

退行と転移は同胞ではあるが、同一人物のふたつの側面ではない。精神分析において、転移それ自体に治療的働きがあるとの信念はないようである。転移と治癒は、転移性治癒のようにむしろ治療抵抗としての地位を与えられている。精神分析のセントラルドグマは、転移のワークを通して、治療的変化が生成するというものである。転移のワークは、無論のこと、転移解釈をもって進展するとされている。つまり、転移解釈こそが、主要かつ独自の精神分析技法であり、転移のワークがこころの変化に至るロイヤルロードなのである。

しかし、本当にそうなのだろうか。退行概念に独自の価値を見出すことは、そのような精神分析観に対するチャレンジなのである。退行（厳密に言えば良性の退行）それ自体が治療的変化を生成すること、そして、深い退行に陥っている患者には転移解釈が有効ではないどころか、むしろ治療プロセスにネガティブな影響を与えること。これらのことを認めると、転移解釈こそが唯一無二の精神分析技法であるとする精神分析観に否を唱えることになる。現代の精神分析において、退行概念が不人気なのもむべなるかな。

ここで、急いで強調しておくが、退行概念をその治療論の基盤とした精神分析臨床家（フェレンツィ、バリント、ウィニコットら）は、決して患者を退行させることを無条件でよしとはしていなかった。ウィニコット[(6)]は、「分析家が患者に退行して欲しいなどと思う理由は、あまりに病的な理由を除いてはない。もし、分析家が患者が退行するのを好むならば、このことは最終的には退行状況のマネージメントを妨げるに違いない」と述べている。私は、治療者は退行促進的な振る舞いを可能な限り控えるべきであると考えている。換言すれば、治療者は中立性を保持すべきと考えている。しかし、治療者がいかに中立的態度を保ったとしても、精神分析臨床の場で、患者は退行するのである。治療者は、患者の退行をただ待ち受けていればよいのである。また、治療者の退行促進的な振る舞いは、良性の退行ではなく、悪性の退行を生成させる可能性が高い。私は、精神分析臨床の場で、ただ退行が生起するのを待ち、退行が行きつくところまで行きつくのを許容し、その結果を見守るだけである。その間、私は解釈を控え、マネージメントに専心し、さまざまな情緒を味わいながら、患者と共に時間を過ごすのである。

七　おわりに

私は冒頭で次のように述べた。私は、自由連想すること、夢見ること、そして、退行すること（厳密に言えば良性の退行）、それ自体に治癒力があると考えている。患者は、自由連想すること、夢見ること、退行することができないからこそ、苦しんでいるのだ。私の精神分析観は、これらの能力の回復を援助することこそが精神分析臨床家の仕事である、というものである。退行と夢見ること、自由連想をすることを結びつけたのは唐突だったかもしれない。フロイトが最初に退行概念を提示したのは『夢解釈』[3]の中で、当然のことながら夢と退行を結びつけて論じている。フロイトの論考の詳細はさておき、彼が夢と退行を結びつけたのは炯眼であった。フロイトの技法の中心は夢分析であった。これらから、フロイトが考案した自由連想という技法は、患者の発話を夢に近付けることであるとしても、あながち見当違いとは言い切れないであろう。フロイトは、けっして夢見ること、自由連想すること、それ自体に治療的作用があるとは考えていなかったが、夢見ることや自由連想することと退行の関連について意識的・無意識的に気が付いていたことは強調しておきたい。

ここに述べた内容は、私のパーソナルな想いである。これは、真実でもなく、理論でもない。私の心的現実ではあるが、読者の心的現実ではない。私は、私のパーソナルな想いを読者に共有して欲しいとはまったく思っていない。私は、松木先生が諸論文で展開している思考をほとんど共有していない。しかし、ここに記された想いの一部は松木先生、ないし、松木先生の論文との交流から生まれた。その交流は、文章の顕在内容ではなく、潜在内容との間に生成した。換言すれば、松木論文の思考ではなく、文体や速度やリズムのような神経に直接働きかける何かと私は触れ合ったのだ。それゆえ、この論文において、松木論文への直接的な言及を行っていない。他者とのそのような交流から、パーソナルな想いが生成されるというのは、精神分析的交流というより、人生そのもののような気もする。私は、精神分析的経験が人生における経験より意義深いとも考えていなければ、精神分析的体験がその他の体験と異なる独自性を有するとも考えていない。精神分析的経験もまた人生における経験の一部に過ぎない。しかし、それにもかかわらず精神分析的体験には芸術体験にも似た価値があると私は信じる。それは精神分析の可能性の中心に生成を見出しているからである。共有することではなく、何かが生成されること、私は後者の方を好ましく思っている。このテクストに触れた読者の中に、パーソナルなもの想いが生成したとしたら、このテクストが書かれた目的は達成されたと思う。

文　献

（1）Balint M.：The Basic Fault: Therapeutic Aspects of Regression. 1968. 中井久夫訳：治療論からみた退行――基底欠損の精神分析　金剛出版　一九七八。

（2）Ferenczi, S.：The principles of relaxation and neocatharsis. In Final Contributions to the Problems and Methods of Psycho-Analysis. Karnac Books, 1930.

（3）Freud, S.：The Interpretation of Dreams. S.E.5, 1900.

（4）細澤仁：解離性障害の治療技法　みすず書房　二〇〇八。

（5）細澤仁：心的外傷の治療技法　みすず書房　二〇一〇。

（6）Winnicott D.W.：Collected Papers. Tavistock Publications, 1958. 北山修監訳：児童分析から精神分析へ　岩崎学術出版社　一九九〇。

（7）Winnicott D.W.：The Maturational Process and the Facilitating Environment. Hogarth Press, 1965. 牛島定信訳：情緒発達の精神分析理論　岩崎学術出版社　一九七七。

執筆者略歴（執筆順）

祖父江典人（そぶえ　のりひと）
1957年　愛知県に生まれる
1980年　東京都立大学人文学部卒業
1980年　名古屋大学医学部精神医学教室心理研究生入局
1982年　国立療養所東尾張病院心理療法士
1984年　厚生連安城更生病院臨床心理士
2002年　愛知県立大学文学部社会福祉学科講師
2010年　愛知県立大学教育福祉学部社会福祉学科教授
専　攻　臨床心理学，精神分析的心理療法
現　職　愛知教育大学大学院教育学研究科学校教育臨床専攻教授
著訳書　ビオンと不在の乳房――情動的にビオンを読み解く（誠信書房），対象関係論の実践――心理療法に開かれた地平（新曜社），心理療法の実践（共著，北樹出版），臨床心理学にとっての精神科臨床――臨床の現場から学ぶ（共著，人文書院），メラニー・クライン――その生涯と精神分析臨床（訳，誠信書房），ビオンとの対話――そして，最後の四つの論文（訳，金剛出版），ビオンの臨床セミナー（共訳，金剛出版）

上田勝久（うえだ　かつひさ）
1979年　三重県伊賀市に生まれる
2008年　兵庫教育大学大学院学校教育研究科 教育臨床心理コース修了
専　攻　精神分析，臨床心理学
現　職　京都民医連中央病院太子道診療所
訳　書　精神分析と美（共訳，みすず書房）

関真粧美（せき　まさみ）
1998年　早稲田大学博士課程中退
2001年　北山研究所臨床部門 南青山心理相談室 入職
専　攻　臨床心理学，精神分析
現　職　南青山心理相談室
訳　書　精神療法家として生き残ること（共訳，岩崎学術出版社），精神分析と美（共訳，みすず書房）

岡田暁宜（おかだ　あきよし）
1967年　愛知県に生まれる
1991年　名古屋市立大学大学院医学研究科修了
2010年　日本精神分析協会 精神分析家
専　攻　精神分析，精神医学，精神保健，心身医学
現　職　南山大学人文学部心理人間学科教授，同保健室長
訳　書　分析家の前意識（共訳，岩崎学術出版社）

松木邦裕《まつきくにひろ》先生略歴

1950年　佐賀市に生まれる

1975年　熊本大学医学部卒業

1975年　九州大学心療内科勤務

1978年　福岡大学医学部精神科勤務

1985〜87年　タヴィストック・クリニックに留学

1987〜99年　医療法人恵愛会福間病院勤務

1999年　精神分析個人開業

2009〜2012年　日本精神分析学会会長

現　職　京都大学大学院教育学研究科教授
日本精神分析協会正会員

著　書　対象関係論を学ぶ（岩崎学術出版社），分析空間での出会い（人文書院），分析臨床での発見（岩崎学術出版社），分析実践での進展（創元社），私説対象関係論的心理療法入門（金剛出版），精神分析体験：ビオンの宇宙（岩崎学術出版社），不在論（創元社）その他

訳　書　患者から学ぶ，あやまちから学ぶ，人生から学ぶ（訳・監訳，岩崎学術出版社），ビオンの臨床セミナー（共訳，金剛出版），再考：精神病の精神分析論（監訳，金剛出版），米国クライン派の臨床，トラウマを理解する（監訳，岩崎学術出版社）その他

編者略歴

細澤　仁（ほそざわ　じん）

1963年　栃木県に生まれる

1988年　京都大学文学部哲学科美学美術史学専攻卒業

1995年　神戸大学医学部医学科卒業

2001年　神戸大学 大学院 医学系研究科 助手

2007年　兵庫教育大学 大学院 学校教育研究科 教授

2010年　椙山女学園大学 人間関係学部 教授

専　攻　精神医学，精神分析，臨床心理学

現　職　関西国際大学 人間科学部 教授

著訳書　解離性障害の治療技法，心的外傷の治療技法（みすず書房），精神分析と美（監訳，みすず書房），ナルシシズムの精神分析（共著，岩崎学術出版社），分析家の前意識（共訳，岩崎学術出版社）

松木邦裕との対決
—精神分析的対論—
ISBN978-4-7533-1042-5

編者
細澤　仁

2012年4月11日　第1刷発行

印刷　広研印刷(株)　／　製本　河上製本(株)

発行所　(株)岩崎学術出版社　〒112-0005　東京都文京区水道1-9-2
発行者　村上　学
電話 03(5805)6623　FAX 03(3816)5123